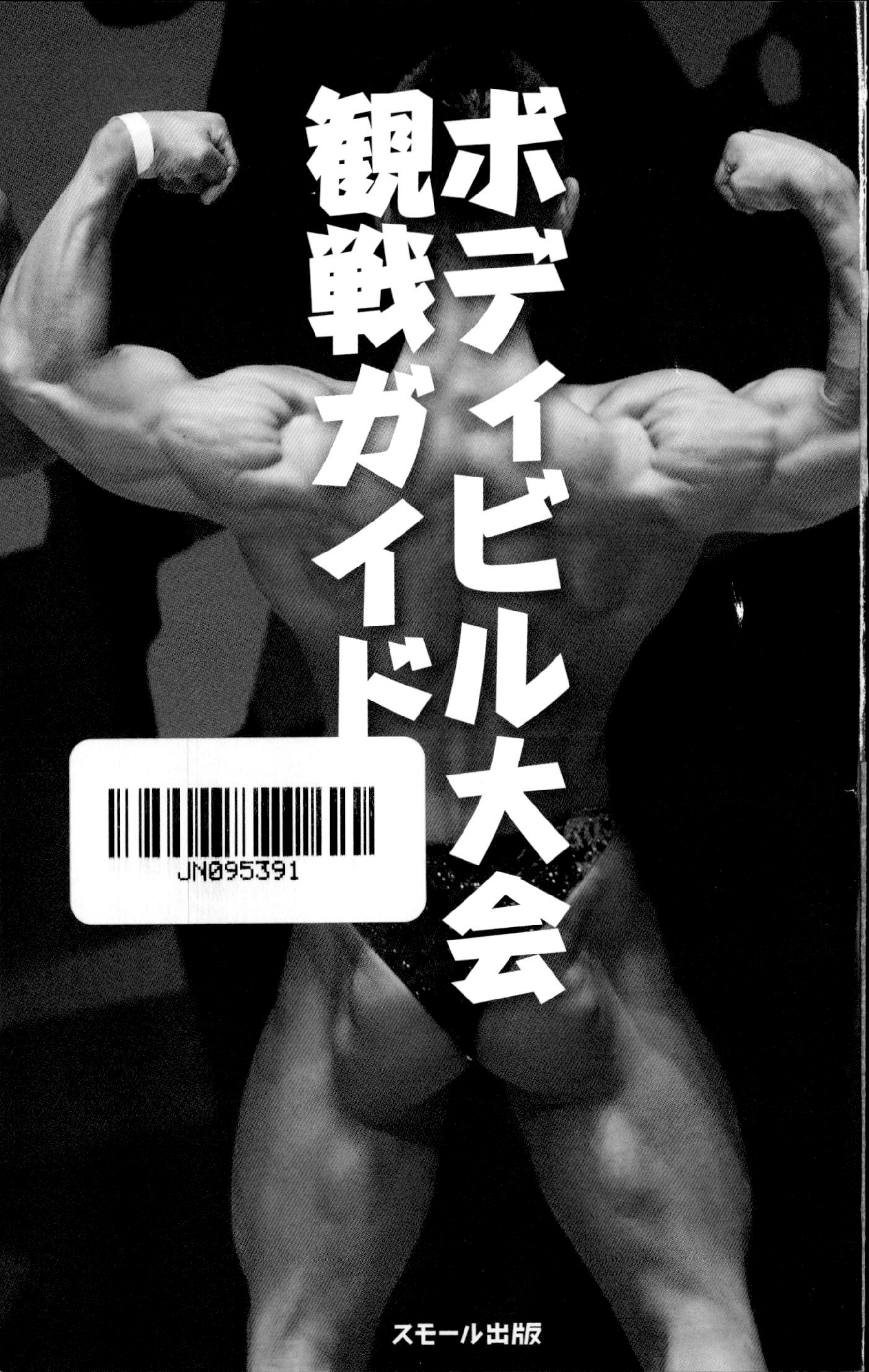

ボディビル大会観戦ガイド

スモール出版

著者　フリーポーズ

著者　フロントラットスプレット

女子フィジーク

ビキニフィットネス

ボディフィットネス

はじめに

皆さんは、ボディビルという競技にどんなイメージを抱いていますか？　とにかくデカくてストイック、パンツ1枚の裸大会、というイメージでしょうか？　ボディビルダーは、鏡を見れば、自分の身体をチェックし、力こぶを出したりしています。食事は身体に良いものを選んで口にします。その行動のすべては、筋肉のためです。質の良い、大きくて、力強い筋肉を作るため。しなやかで美しい、引き締まった筋肉を得るためです。肉体美を追求するためだけに、世間で多くの人が楽しんでいることの半分以上を筋肉のために費やしている人たちなのです。

でも、そんな人たちの肉体を一度、観に行っていただき

ボディビル大会観戦ガイド

スモール出版

男子フィジーク

ボディービル

たいのです。何だか怖いな、マニアックすぎるな、と気後れするかもしれませんが、物は試しに観戦に行ってみてください。そうするとなぜ人は身体を鍛えるのか、その答えが見つかると思います。

今回、皆さんのボディビル観戦の一助になればと、筆を執りました。以前から興味があった方も、テレビなどでボディビルという世界を知って、生で観たいな、と思った方も、この本を手にしていただければ、思う存分ボディビル観戦を楽しんでいただける内容に仕上げました。最後まで読み終えたとき、あなたはもう、ボディビル大会の観戦に行きたい！　とウズウズしてしまうかもしれませんね。そんなあなたに、この言葉を贈ります。

『めくるめく肉体美の世界に、ようこそ！』

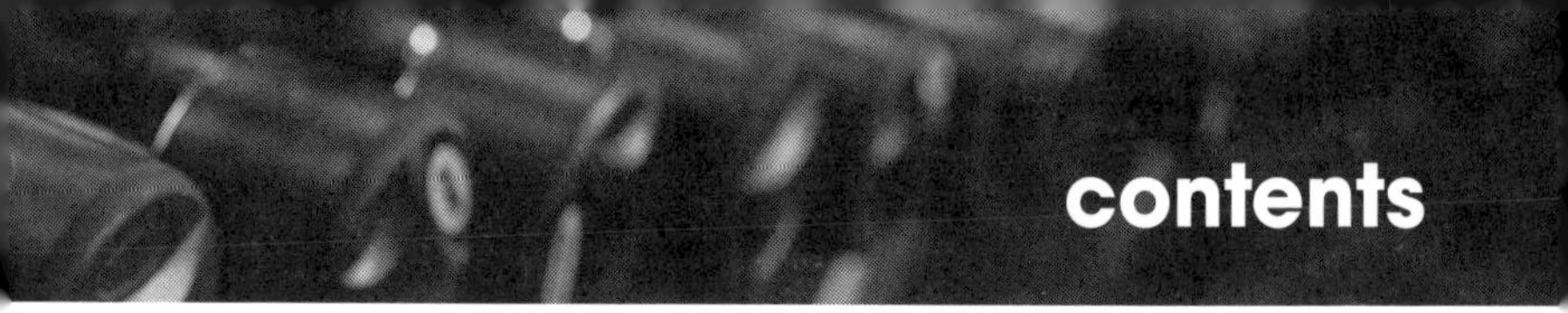

contents

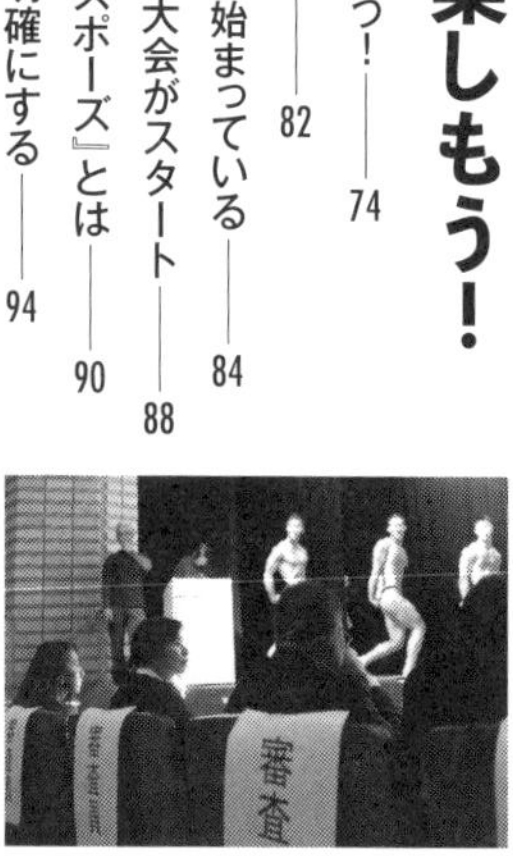

第４章 オフのビルダーたち、観戦は一度で終わらない

第1章

大会開催前、観戦はすでに始まっている

Watching has already started before the tournament

ボディビルとは何か？

美術品を観に行くように、筋肉美を観に行こう！

『鍛え上げられた肉体はどんな宝石よりも美しい』

私はそう思います。己と向き合い、長い時間をかけて作り上げた肉体は、どんな高価な宝石を身につけ、着飾るよりも光り輝いてとても美しく見えます。芸術と言っても過言ではないでしょう。どうして、そしてどのようにして神は、小さな細胞からこの肉体を、人に授け給うたのか。私は本当に不思議でなりません。この、神に与えられた奇跡の肉体の美しさを競うのが、※**ボディビルという競技**です。ボディビルディングとは、ウエイトトレーニングや食事管理、休養までも包括して行い、肉体を発達させる過程のことであると定義されています。

ボディビルの歴史は長く、古代ギリシャ時代に端を発するといわれています。

ボディビルという競技

ボディビルが誕生したのは19世紀。でもこれは『鍛え上げられた肉体を披露する』ボディビルであって、身体を鍛えるという意味でのボディビル自体は11世紀から行われていたといわれています。ボディビルが大きな市民権を獲得したのは20世紀になってから。それに一役買ったのは、あの有名なアーノルド・シュワルツェネッガーです。

ミロのヴィーナス、ラオコーン像など、古代ギリシャにおいては「肉体の美しさは精神の美しさであり、精神の美しさは肉体の美しさである」とされました。ルネサンス美術も然り。ヘラクレス像もダビデ像も肉体の美しさが前面に押し出されています。強く、大きく、美しくという考えは、人の永遠の憧れであり、目標なのかもしれません。

その肉体美への探求を今も続けているのが、**ボディビルダー**※です。ボディビルとは先ほど説明したとおり、トレーニングから食事管理まで含めて、美しい肉体を作り上げることです。つまり、一般的なダイエットやフィットネスも大きく捉えたら立派なボディビルといえるでしょうし、その方たちのことを大きく捉えたらボディビルダーと呼んでも差し障りないかもしれません。

自分自身と向き合い、自身の理想とする肉体を追い求め、仲間と切磋琢磨する。それがボディビルの大会なのです。

大会では、日々の努力により作り上げた作品（肉体）の筋肉の発達度、ダイナミックさ、美しさ、またはバランスなどを他者と競い合い、客観的な評価を得ます。それを糧に、またさらに自分の理想を追求していくのです。

ボディビルは競技です。ライバルはもちろんのこと、勝者がいれば、敗者もいます。ですが、個々の肉体に順位をつけるのは必要なことなのか、との思い

ボディビルダー

身体を鍛えることがボディビルですから、ダイエットをしていたり、健康のためにランニングをすることもボディビルのひとつなんですよ。

もあります。どの肉体も美しく、選手ひとり一人がとても輝いているからです。

この肉体を手に入れるために、私たち選手はきわめて長い時間を費やします。筋肉は、毎日トレーニングをしたからといって、簡単には大きくなりません。きちんと理論に基づいて**鍛え、休ませ、食事を摂り、また鍛えての繰り返し**。※そうして、少しずつ、本当に少しずつ筋肉は育っていきます。

様々な説はありますが、基本的に体作りをほとんどしていなかった初心者がはじめてウエイトトレーニングをするときですら、月に約1kg程度しか筋肉は増えません。日常的にトレーニングを積み重ねているボディビルダーでは、月に200g増えるか増えないかです。つまり、トレーニングを長く続けていくほど、筋肉を増やすことは大変なのです。

ですから、ボディビルダーの毎日は勝負、挑戦の連続なのです。大会に向けたトレーニングのなかで行き詰まり、泣き言を言いたいこともあります。途中で諦めようと思うこともあります。自分自身のルーテンに間違いがあるのではないかと不安になってしまうこともあります。精神的、心理的なコントロールに悩むこともあります。けれど、そんな不安や誘惑に負けることなく、克己心を持って作り上げた肉体は、まばゆいほどの輝きを放ちます。筋肉だけを鍛えているように見えますが、そこに至るまでの道のりを乗り越えてこそ、本当の

鍛え、休ませ、食事を摂りまた鍛えての繰り返し

筋肉は破壊、修復を繰り返して大きくなります。その修復にかかる時間が約48時間といわれています。いわゆる「超回復」というものです。

強さ、本当の美しさが手に入ります。ボディビルのそこにやりがいを感じ、選手たちは今も肉体と精神を鍛え続けています。

皆さんには、ぜひそんな選手たちの肉体を心ゆくまで堪能してもらいたいのです！『鍛え上げられた肉体はどんな宝石よりも美しい』ことを、たくさんの方に知っていただきたいのです。

皆さん、素敵なアートを美術館に観に行き

サイドチェスト

ますよね？　それと同じです。肉体という美しい宝石を、肉体という美しい芸術作品を、ぜひ気軽に鑑賞していただきたいのです。肉体を観に行くことは、ミロのヴィーナスやダビデ像を観に行くのと同じなのです。もっと身近なことでいえば、好きな映画は、家で見るより映画館に行って大きなスクリーンの迫力で楽しみたい。好きなアーティストの音楽を聞くならＣＤやＤＶＤだけでなく、やっぱりライブに行って目の前で行われているその光景と臨場感を楽しみたいですよね。ボディビル大会にも、ぜひ実際に足を運んでみてください。

会場に着けば、ステージには美しい彫刻のような肉体を持つ選手たちが並びます。ステージ上の選手たちには声援、いわゆる『かけ声』をかけてみましょう。様々なスポーツ選手が「声援が力になる」と答えているインタビューをよく目にしますが、これは本当なのです。選手はひとりで競技に参加しているのではないと感じる瞬間でもあります。

そういった声も自分のパワーに変えて、私たち選手は、観客、審査員に、自分が作り上げてきた身体を披露し、美しさを競います。そして、その大会で最もまばゆい輝きを放つ肉体を持つたったひとりの選手だけが、肉体美の頂点、優勝というタイトルを手にするのです。

フロントラットスプレット

バックダブルバイセプス

サイドトライセプス

サイドチェスト

いろいろある ボディビルのカテゴリー

自分の好きな筋肉を探しに行こう！

長い歴史のある公益社団法人**日本ボディビル・フィットネス連盟**※（ＪＢＢＦ）が主催する、日本最高峰の大会は何か？　それは毎年10月に開催される、男子日本ボディビル選手権、女子日本フィジーク選手権です。日本で最も素晴らしい肉体美を持つ男子選手、女子選手を決める大会です。男子は２０１９年に65回目、女子は37回目を迎えました。

女子のフィジーク、というタイトルは、いわゆる男子のボディビルと同じです。ただ単に筋肉を大きくするだけではなく、女性のボディビルは女性らしさも必要だという理念で、２０１７年に名称が変わりました。

昨年（２０１９年）、この大会で日本一に輝いたのは、男子は横川尚隆選手。女子は高原佐知子選手です。男子では２０１０年から９連覇をしていた鈴木雅

日本ボディビル・フィットネス連盟
ＪＢＢＦは１９５５年に設立、１９５６年にはじめての全国大会が開催されました。女性の初大会は１９８３年。ＩＢＢＦに加盟した翌年のことでした。

選手がケガの手術（膝）のため欠場。とはいえ、25歳の横川選手の肉体はとても素晴らしく、さらに**モストマスキュラー賞**※、**ベストアーティスティック賞**も獲得し、まさにキングにふさわしい肉体美を披露してくれました。女子優勝の高原選手は一時期競技から離れていましたが、50代になって第一線に復帰。とても長い手足を生かした大迫力のポージングで優勝しました。高原選手の活躍は、いくつになっても人は肉体の美しさを追求し続けることができると証明してくれました。

男子ボディビル、女子フィジークは、肉体美の最高峰を決めるカテゴリーです。男子種目には、その他にフィジーク、**クラシックフィジーク**※、メンズフィットネスがあります。このフィジークのコンセプトは、海の似合う男。審査もボディビルパンツではなく、サーフパンツを穿いた姿で行います。身体の大きさよりも、Vシェイプと呼ばれる肩幅の広さとウエストの細さが強調された逆三角形のバランスの取れた身体が理想とされる、現在最も人気のある競技。分かりやすいイメージは、海にいて誰もがカッコいいと認める身体ですね。そのフィジークのスマートさに、ボディビルの筋骨隆々の要素を加えた評価を行うのがクラシックフィジークです。海外では2016年に始まりましたが、日本でも2020年から開催されることが決定しました。カテゴリーが少なかった男子

モストマスキュラー賞／ベストアーティスティック賞

モストマスキュラー賞は言葉のとおり、最も発達した肉体を持つ人に贈られ、ベストアーティスティック賞は、フリーポーズでの演出も含めて評価されます。

クラシックフィジーク

格好良さに加えて、肉体美も追求するクラシックフィジークは、フィジークでは審査されない下半身も審査基準に入っています。

に、新しい価値観が追加されたのはうれしいですね！

　女子種目はカテゴリーが多く、ミスボディフィットネス（フィギュア）、ミスフィットネス、フィットネスビキニ、ミス21健康美があります。女子フィジーク以外は、競技中にハイヒールを履いた審査が含まれます。ポーズはもちろんのこと、歩き方も審査の対象になっているのです。競技エアロビクスのようにパフォーマンスも行うのが、ミスフィットネス。フィットネスビキニはさらに女性らしさを追求し、ビキニスーツとハイヒールを着用して、エレガントさを出す歩き方、立ち姿勢が重

視される競技です。このフィットネスビキニで有名なのは、安井友梨選手ですね。女性の筋トレブームを作った方のひとりです。

そして、ミス21健康美はビキニとハイヒール、ワンピースとハイヒール、そしてビキニと素足の３パターンで、スポーツやトレーニングによりシェイプアップされた健康美を競う、最も女性らしさが求められる競技です。

ひと言にボディビルの大会、といっても、これだけのカテゴリーがあります。あなたはどのカテゴリーに興味がありますか？　いきなり日本一の肉体美を観に行くのも良し、まずは少し入りやすいカテゴリーから観に行くのも良し、です。

多くの大会は、ひとつのカテゴリーのみでなく、いくつかのカテゴリーを組み合わせて開催されます。それぞれの特長をお伝えしましたが、いかがでしょうか。たくさんのカテゴリーの中から好きなカテゴリーや気になるカテゴリーを見つけて観戦してくださいね！

フィットネスビキニ表彰式の様子

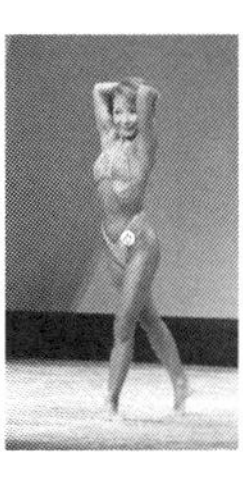
ミス21健康美 ビキニと素足のパターン

筋肉が人を惹きつけるボディビルの魅力に迫る

自分と向き合い、自分の肉体だけですべてを表現する

「努力と筋肉は裏切らない」という言葉があります。一時期流行語にもなりましたが、ボディビルの世界では、筋肉そして努力は私たちを裏切ることはありません。頑張れば頑張った分だけ、努力をすればするだけ、自分が理想とする肉体美に近づいていけるのです。だから、どんなに大変なトレーニングも、**減量**※も、ボディビルダーたちは続けることができるのです。先に変化があると信じているからこそ、くじけないのです。努力をしてもなかなか結果に結びつかなければ、どうやって持っていくかもポイントになります。自然とコツコツと積み重ねて身体が変化していく過程（プロセス）が楽しくなっていきます。

もちろん、簡単に身体が変わらないことは、ボディビルダーがいちばんよく知っています。選手たちに「ひとつだけ願いが叶うなら何をお願いする？」と

減量
減量といってもボクサーのような減量とはちがいます。

聞いたら、きっと「筋肉を大きくしたい」と返ってくると思います。だからこそ一日一日をムダにせず、可能性を信じて続けていく。すると、あるときスッと立ちはだかる壁を乗り越えた瞬間が分かるときが来たりします。その瞬間、すべての苦労が快感に変わります。

先にも書きましたが、ボディビルダーの身体の筋量アップ率は、しっかり鍛えても1年で体重に対し0・25%〜0・5%くらいです。それでも地道に、身体が変わることを信じてひたすら努力を積み重ねる。一見ムダに見えることも、確実に自分の肉体を変えるために必要なプロセスなのだと信じて取り組むのです。小さなことの蓄積が、やがて自分が目指す身体を手に入れることにつながるのです。

そうして迎えた大会では、**裸一貫**※、自分の肉体だけの勝負です。そこには嘘もごまかしも入る余地はありません。ただ純粋に、自分が積み重ねてきた努力の結晶（肉体）が評価される美しい世界なのです。ボディビルは、鍛えた分だけ自分の身体や心を変えることができる。その完成された肉体美をご覧になれば、努力は裏切らないことを観客の皆さんも実感していただけるのではないでしょうか。成果がないように見える努力も、地道に積み重ねていけば必ず結果となって表れるときが来る。そういう成功体験を得られるのも、ボディビルの

裸一貫
ボディビルの大会では、一部女性のカテゴリー以外は装身具は認められていません。ボディビルパンツにも規定があるんですよ。まさに肉体のみで勝負するんです。

魅力のひとつだと思います。

この成功体験は、ボディビルだけに限ったことではなく、日常生活や仕事にもつながりますよね。仕事などでも努力を積み重ねても、なかなか結果が出ないこともありますし、すぐ目に見える形になるものでもありません。時には、何年もかけないと成就しないこともあります。

ですが、目には見えなくても、自分にできることをひとつずつクリアしていくことで、その努力は必ず実を結びます。いつの間にか、今までできなかったことができるようになっていたり、ひとつの仕事に対するスピードが上がっていたりしたような経験をされたことは、皆さんもあるでしょう。見た目や筋肉量が何も変わらないように見えても、鍛えたその先に必ず変化がある、ということを信じて続けていくのがボディビルです。仕事でも同じように、苦しみの先に必ず変化、進化があると信じて努力し続ける。そういう強い気持ちや意志を持てるようになるのも、人がボディビルにはまる理由なのだと私は思います。

ボディビルの大会には**年齢で区分**※される大会もあります。いくつになっても、鍛えれば肉体は変化する、肉体は努力に応えてくれることを教えてくれます。

競技をしている選手からすると、ボディビルの魅力は語り尽くせません！

では、観客の皆さんから見たそれはどうでしょうか。

年齢区分
40歳以上級、50歳以上級とあって、そこからは5歳刻みでクラスが上がっていきます。80歳以上級からは参考クラスになりますが、このクラスの方々は、本当に心から尊敬するくらい元気な姿を見せてくれています。

女子フィジーク

私は、肉体は最高のオシャレだと思います。人間の嘘偽りのない姿。まとう衣装も最小限で、きらびやかに飾る宝石もない、素の自分。ステージ上では、その人のすべてがさらけ出されます。そこには身体だけではなく、人間性も見えてくるでしょう。コツコツとできることを積み重ねてきた選手の肉体は、大会での成績に関係なく、必ずどこか光ります。努力していたからこそ、努力した身体であると見るだけで分かります。逆に、うまくいかなかった部位やサボったツケは必ず身体に出ます。絞りきれていなかったり、筋肉量があまい部位があったり、全体のバランスが悪くなったりするのです。

ボディビル大会では、そういった選手たちの内面も見えるかもしれません。だからこそ、応援したくなったり、彼らの成長を見届けたいという気持ちになったりしますし、そういうところも、見る側の楽しみなのではないでしょうか。

選手たちは、自分が頑張ってきた努力の成果を皆さんに見てもらいたいわけですから、それをぜひ全力で褒めてください。『頑張ったね』『よく辛抱したね』。そんな言葉がもらえるだけで、選手はまた次の大会に向けて踏み出すことができるのです。

この本をお読みいただいていている方の中には、ボディビルの会場に足を運んだことのない向きも多いと思いますが、一度出かけてみませんか？　美術館

肉体美

肉体は美術品。そう考えてみてください。絵画や彫刻と一緒なんですよ。そこには性別も国境も何も存在しません。あるのは、筋肉のみ。そんな純粋な世界が私は大好きです。大好きなものは、人に教えたくなりませんか？　だから、私は皆さんにボディビルを勧めたいんです！　もしよかったら、見るだけではなく、ちょっと身体をシェイプしたいな、と思ったら、ボディビル、してみましょう！

に絵画や彫刻の芸術を観に行くように、フィギュアスケート大会に氷上の美しい演技を観に行くように、ボディビル大会会場で筋肉という究極の**肉体美**※を目の当たりにしてください。そこにはきっと、皆さんを魅了する素晴らしい世界が広がっていますから！

大会＆選手情報を知ろう！

ＳＮＳを活用すると見えてくる大会や選手の情報

何か知りたいことがあったとき、どうやって調べますか？　ひと昔前であれば、図書館などで文献に当たるくらいしか方法がありませんでしたよね。でも今は、とても便利なものがあります。**インターネット**※です。

検索ボックスに『ボディビル』と入力すれば、すぐに情報がたくさん出てきます。ボディビルに続いて、『大会』や『選手』などといったキーワードを入れてあげれば、さらに自分が求めている情報をピンポイントで探し当てることができるでしょう。ＪＢＢＦのホームページには、その年の主催大会情報が網羅されていますし、世界大会についても掲載されています。

最近は、さらに便利なものがあります。**ＳＮＳ**※です。ＪＢＢＦの公式ページをはじめ、選手たちがそれぞれ個人で情報をＳＮＳにアップしています。選手

インターネット

昔はブログ程度でしたが、今はインターネット上には様々なツールがあります。検索ボックスにボディビルと入力して、早速サーチしてみてくださいね。

だけではなく、ファンの方々がマニアックな情報を上げていることもあります。SNSでは常に多くの情報が発信されています。

そんなSNSで検索するときに活用してもらいたいのは、ハッシュタグ（#）です。Twitter やFacebookはもちろん、最近はInstagramでハッシュタグ検索をすると、たくさん魅力的な写真が投稿されていますよ！ ハッシュタグのあとに『ボディビル』や『筋肉』というキーワードを入力すれば、ボディビルに関する情報がたくさん出てきます！ ここで、お勧めの検索ワードを紹介しましょう。

#ボディビル #ボディビルダー #ボディビル観戦 #ボディビル大会
#ボディビル女子 #減量 #筋肉 #トレーニングオタク #プロテイン
#マッチョ #筋トレ #フィジーク #筋トレ女子 #筋肉女子 #かけ声

そのほか、Youtubeなどには、観客の方々が撮影された過去の大会の様子などがアップされていることもあるので、雰囲気を知るには良いかもしれませんね。

SNSで選手たちの仕上がり具合や、ファンの方々同士交流を楽しみ、当日は会場であらかじめチェックした選手たちの肉体を鑑賞する、というのも、ボディビルを楽しんでいただく方法のひとつだと思います。

SNS
ソーシャルメディアネットワーキングサービス（Social Networking Service）の略称。公式の情報だけではなく、選手個人の情報もSNSでは集めることができます。気になったキーワードをハッシュタグにつけてみるのがお勧めです。

もちろん競技の模様だけではなく、選手のSNSには日々のトレーニングの様子や、食事内容がアップされていることもあります。もし、自分自身が身体を鍛えたい、もっと身体を美しくシェイプアップさせたい、と思ったときにも、ボディビルダーたちのSNSはとても役に立つでしょう。

また、ぜひボディビル選手の個人名でも**検索**※してみてください！　選手自身が大会の裏側をレポートしていたり、トレーニングで苦労している姿や新たな壁を乗り越えたときのうれしさをアップしていたり……。そこには、選手たちの魅力がいっぱい詰まっています。最初は、選手の名前を検索してみてくださ い。そして実際に観戦に行き、もしお気に入りの選手が見つかったら、ぜひその選手の名前をサーチして、SNSをフォローして、コメントしてあげてください ね。ファンの方々からのコメントは、選手としてはとてもうれしいですし、次の大会へのモチベーションにもなるものです。

はじめてボディビルの大会を観に行くことになったとき、どこに注目したら良いか分からない！　という方も多いと思いますが、入り口は何でも良いのです！　皆さんは、好きな俳優さんや女優さん、アイドルのどこを見て好きになりましたか？　演技だったり、トークだったり、はたまた端整な顔立ちだったり。ファンになるきっかけは、人それぞれですからボディビルも同じです。ボ

検索

コツはボディビルのあとに、キーワードを入れて検索すること。選手名でも良いですし、大会名だけでもかなり情報が絞れるので、やってみてくださいね。

ディビルの選手たちの身体は当然のことながら、イケメンの方もいますし、女子選手はとても美人が多いです。カッコいいお気に入りの選手のファンになったり、とても理想的なボディラインを持った選手のファンになったり。**入り口はどこからでも**※興味を持っていただけるのが何よりです。

私が、一度会場に足を運んでもらいたいというのは、そういうことなのです。一度生で観戦してもらえれば、きっと誰か、あなたのお気に入りの選手が見つかるでしょう。そういう選手を事前にSNSで探すのも、ひとつの楽しみ方です。

ファンの方々が応援に来てくださり、**写真や映像**※を撮影して、それをSNS等にアップしたりしていただけるのは、選手としては、とてもうれしいことです。ステージで頑張った瞬間の写真や映像をSNSなどで見ると、客観的に自分の弱点を確認できたり、良い思い出としてモチベーションに変えたり、または苦しいトレーニングを乗り越えるための活力にできたりします。だから、ファンの方々がそういう形で盛り上げてくださるのは、選手としてとてもありがたいことなのです。

入り口はどこからでも
にわかだろうが、古参だろうが、応援してくれることが選手にとって大きな励みになるんです。ですから、恥ずかしがったり「初心者だから」と尻込みせず、カッコいい！ という声を上げてくださいね。それが選手はうれしいんです。

写真や映像
ほとんどの大会は撮影OKです。場合によっては規制があるので、事前に問い合わせても良いですし、当日はインフォメーションセンターで許可が必要かどうか確認できますよ。

大会観戦をもっと楽しむために

お勧め観戦グッズ＆観戦ファッション

観に行くボディビルの大会が決まれば、ぜひチケットを事前購入してください。様々なチケット販売サイトで入手できる大会もありますから、チェックしてみましょう。当日券がある大会もありますが、せっかく会場に足を運んだのに、チケットが買えずに入れなかった！　なんてことにならないように、自分が出向く大会はチケット購入が必要か、前売りがあるのかなど、ＪＢＢＦのホームページや、ボディビルの大会名のあとに『チケット』、とキーワードを入れて確認してみてくださいね。

さて、当日はどんなふうに楽しめば良いのでしょうか？　細かいことは第2章以降で紹介しますが、ここではお勧め観戦グッズなどをご紹介しましょう。

大会観戦にぜひ持っていってもらいたいのは、**カメラ**※です。三脚の使用は禁

カメラ
今は画像編集ソフトがたくさんありますから、あまりカメラ自体の性能にこだわる必要はないかもしれませんね。ぜひ気軽に、手持ちのカメラやスマートフォンでバシャバシャ撮りましょう！

止されていますが、一脚ならOKです。今は動画も撮れる、スマートフォンがあればいいかもしれませんね。広い会場だったら、望遠レンズや双眼鏡などがあると便利ですよ。そして、ぜひ選手の肉体美をそのカメラで捉えて、アルバムの1ページに収めてくださいね！　大会の様子をSNSにアップしていただけると、選手としてもとてもうれしいです。そのときには、ぜひ選手名をハッシュタグでつけてあげてください。もしかすると、選手からコメントが届くかもしれませんよ。

タオルは必須です。会場には、ボディビル関係者も多く観戦に来

ています。ということは、周りも実は筋肉だらけ。冬場の大会であっても、筋肉に周りを囲まれてしまうと、とても暑くなります。会場内は熱気でムンムンです。ですから、ボディビルの会場に行くときには、必ず上着を脱げるようにしておくこと。それと汗拭きタオルを用意しておくことが大切です。

応援していたら、喉が渇くなんてこともあるでしょう。会場で飲み物を買おう！　と思ったら、甘いものしか残ってなかった、なんてことがあるのは、糖分を気にする選手たちが大会の応援に来たからなんでしょうね。ボディビル大会あるあるのひとつかと思います。

それから、観戦のお供に**『ボディビルのかけ声辞典』**※を持って行くのも良いですね。知っているかけ声が飛び交っているとうれしくなります。できたら勇気を出して、自分で言ってみたかったかけ声をぜひ選手にかけてあげてくださいね！

ボディビルのかけ声辞典
1冊持っていると、ちょっと通なかけ声をかけられるようになれます。全国の書店、ネット書店にて発売中。

ボディビルのかけ声辞典

公益社団法人
日本ボディビル・
フィットネス連盟 監修

スモール出版

2018年7月発行

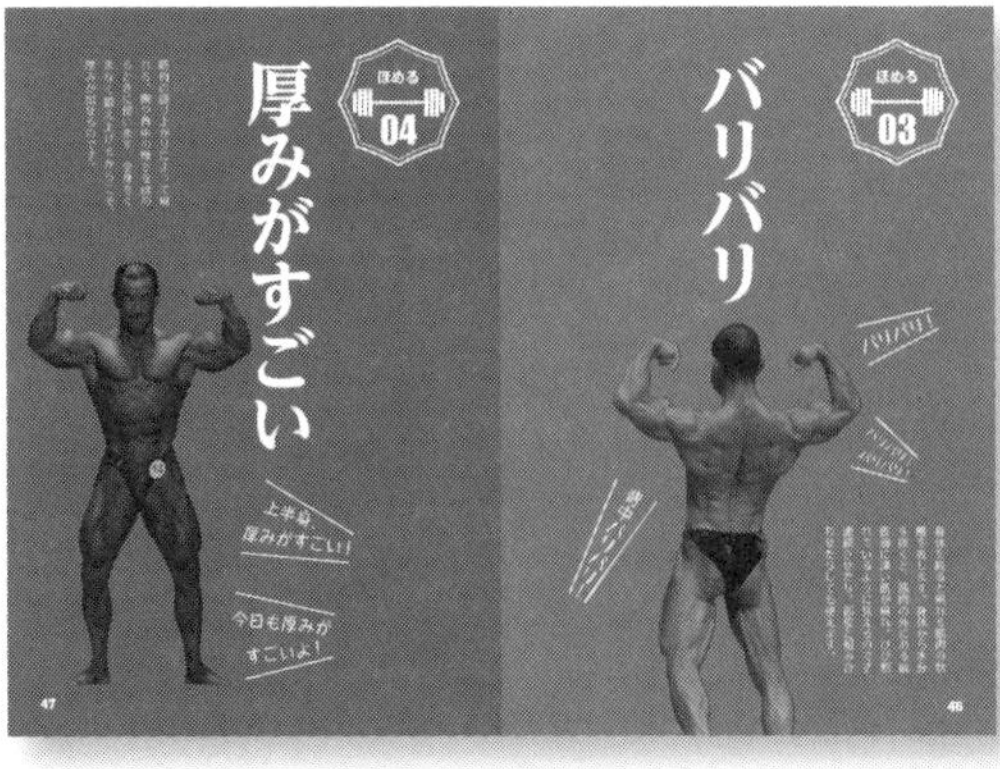

筋肉を心ゆくまで楽しむために

観戦マナーを守ってもっと観戦を楽しもう

観戦するときの楽しみ方は『自由』です！　肉体美を愛でるも良し、カッコいい、可愛いお気に入りの選手を見つけるも良し。ご自身が目いっぱい楽しめる方法でエンジョイしてください。ただ、やはりマナーはあります。ルールではありませんが、基本的なマナーを守っていただければ、より楽しくボディビル観戦ができます。

まず、鳴り物はお控えてください。大会の進行を妨げるような使い方や騒音になるものは困ります。ですから、やはり鳴り物は抜きで応援をしましょう。

それから、むやみに騒がないこと。会場では、様々なかけ声が飛び交っています。でも、それはただ単に騒いでいるのではなく、応援です。ボディビル大会のかけ声といえば、その表現の仕方が独特なので少しおもしろおかしく吹聴されていますが、それはあくまで選手たちの肉体を称える言葉ですし、かけ声をかけるタイミングもあります。かけ声を含めて、ふさわしくない場面で声を出すことは、応援ではないですよね。

騒がないことに近いのですが、ヤジを飛ばさないというのも大事なことです。よくあるのは、いじり、というものですね。でも、先ほどもお伝えしたとおり、かけ声の表現は独特ですが、選手たちの肉体や努力を称えるものです。笑い者にしていじる言葉は、ひとつもありません。冷やかしやからかいではなく、努力を積み重ねて作り上げてきた肉体に対して、ぜひとも選手が喜ぶような言葉をかけてあげてくださいね。

あとは先にも説明しましたが、会場での撮影は自由ですが、三脚使用に関してはＪＢＢＦの大会では禁止されています。座席の問題もあると思うのですが三脚は場所を取ってしまい、迷惑になるからと思われます。撮影を希望される方はご注意ください。もし使うのであれば、一脚ならＯＫです。

自分も、ほかの観客の方々も、みんながボディビルというスポーツを楽しく、気持ち良く観戦できるように、マナーは守って応援しましょう！

第2章

ここに注目！ボディビルの醍醐味

Pay attention here!
The real pleasure of
bodybuilding

ここに注目！ ボディビル観戦の醍醐味

初心者にお勧めの大会はこれだ！

さて、では早速大会観戦に出かけてみましょう！　といっても、最初はどのカテゴリーの大会を観に行けば良いか迷いませんか？　すべてお勧めなのですが、まず男子は『**フィジーク**※』、女子なら『**フィットネスビキニ**※』はいかがでしょう？　どちらも筋骨隆々というよりも、一般的な目線で格好良い、キレイであることが求められるカテゴリーです。男子フィジークは、先に説明したとおり、海にいるカッコいい身体の男性がテーマです。フィットネスビキニも同じように、海にいて目を引く美しい女性、というテーマですから、〝美しい肉体〟を観に行くというよりは、アイドルに会いに行くようなイメージで楽しむことができます。

もちろん、最初に最高峰の筋肉を観る、というのも良いかもしれません。ボ

フィジーク
フィットネスビキニ
ボディビルのカテゴリーです。誰が見てもカッコいいと思う、美しいと声が漏れてしまうような肉体が評価されるカテゴリーになります。

ディビルという競技において、最も素晴らしいとされる肉体はどういうものなのかは、男性女性ともに『日本ボディビル選手権』『女子フィジーク選手権』（同日開催）を観れば分かります。どんなスポーツでも、世界最高峰の試合やレースは面白いものです。それと同じで、頂点に君臨する肉体を基準とすれば、男性はクラシックフィジークやフィジーク、女性であればミスボディフィットネス（フィギュア）、ミスフィットネス、フィットネスビキニ、ミス21健康美といった、筋肉美よりも**女性としての美しさ**※にフォーカスを当てたカテゴリーの良さも見えてくることでしょう。

　もうひとつ、お勧めしたい大会があります。それは若手ボディビルダーの登竜門でもある、大学生日本一を決定する、『全日本学

女性としての美しさ
女子フィジークも女性らしさはあるのですが、装身具を使っても良い（ハイヒールなど）カテゴリーは、街の中にいて誰もが振り返るような美しさを表現し、評価されます。

生ボディビル選手権』です。

　いつの時代も、大学生は元気いっぱいです。選手、観客が一体となって、日本で一番といってもいいほどの盛り上がりを見せます。特に『かけ声』がユニークです。一風変わったかけ声は、社会人が中心の大会よりも、大学生を中心とした大会のほうで多く聞かれます。そのパワー溢れる応援と合わせて、エネルギッシュな肉体を堪能してくださいね！

　ボディビルは地方大会があったり、年齢別選手権があったり、また**ジ**※**ュニア選手**（高校生以下）の大会があったりと、大会自体も多く開催されています。ＪＢＢＦのホームページで検索するとたくさん情報が出てきますから、まずは近くで行われている大会から観てみるのもお勧めです。地元の選手をぜひ応援してあげてくださいね！

ジュニア選手
日本ジュニア選手権は、15歳以上23歳以下で競われます。これとは別に高校生には、全国高校生選手権があります。実際に観てみると、本当にジュニア？　という素晴らしい肉体が勢揃いしていますよ。

【地方大会】 石川県ボディビル・フィットネス連盟

注目ポイントを知ろう！　用語編

用語を知ればボディビルをもっと楽しめる！

　ボディビル大会では、様々な専門用語が出てきます。もちろん用語なんて知らなくても、単純に素晴らしい肉体美を堪能していただけるのですが、ちょっとした知識があると、もっとボディビルの大会を楽しむことができます！　これを知っておくと「ツウ！」と言われる用語を集めてみました。ぜひ観戦のお供にしてみてください。

●セパレーション ***(Separation)***
言葉のとおり境目、境界という意味です。筋肉と筋肉がキレイに分かれている状態のことを表します。部位ひとつ一つがしっかりと鍛えられて大きくなっていると、塊ごとに境界線ができたように見えます。たとえば、肩と腕、胸と腹筋などが分かりやすいですね。あとは、大腿四頭筋がひとつずつキレイに分かれているような状態です。

●ストリエーション（*Striation*）

筋※、という意味を表す言葉です。筋肉に力を入れたときに見えるスジのようなもののことです。筋肉は、細かい筋線維が集まって筋束を作り、その筋束が集まったものです。ストリエーションは、この筋束1本1本がハッキリと見える、筋線維が皮フから透けて見えるような状態のことを指します。

●カット（*Cuts*）

脂肪を落とし、筋線維を際立たせることです。カットが仕上がると、筋肉と筋肉の間にキレイな溝ができて、筋肉ひとつ一つ独立して見えるようになります。ただ、カットはバルク、つまり筋肉の大きさがないと出ません。ですから、ただ脂肪を落として身体を絞るだけでは、カットを表すことはできません。セパレーションとストリエーションが合わさることで作られます。

筋（スジ）

本来の意味でいえば、筋(スジ）は骨と筋肉をつなぐ腱の部分を指します。ここでのスジ、というのは、筋肉の条線のこと。グッと力を入れたときに見える線模様のことを指します。

●ディフィニション（*Definition*）

皮下脂肪※を極限まで落とし、筋肉の輪郭を際立たせた状態のことを指します。セパレーション、ストリエーション、カットの総称でもあります。筋肉は大きくするだけでは、美しく見えません。筋肉がどんな形をしているのか。それが明確に分かるくらい、各部位の輪郭を際立たせることもボディビルでは求められます。ディフィニションが良い、というのは、セパレーションとストリエーションがハッキリしていて美しいカットが作られた状態、ということです。

●バスキュラリティ（*Vascularity*）

筋肉に血管が浮き上がっている状態のことです。男性の腕に血管が浮き上がっていることがありますよね。あの状態をさらに際立たせると、筋肉を収縮させたときに力強さを表現できるんです。良いバスキュラリティを作るには、しっかりと体脂肪、皮下脂肪を落とさなければなりません。

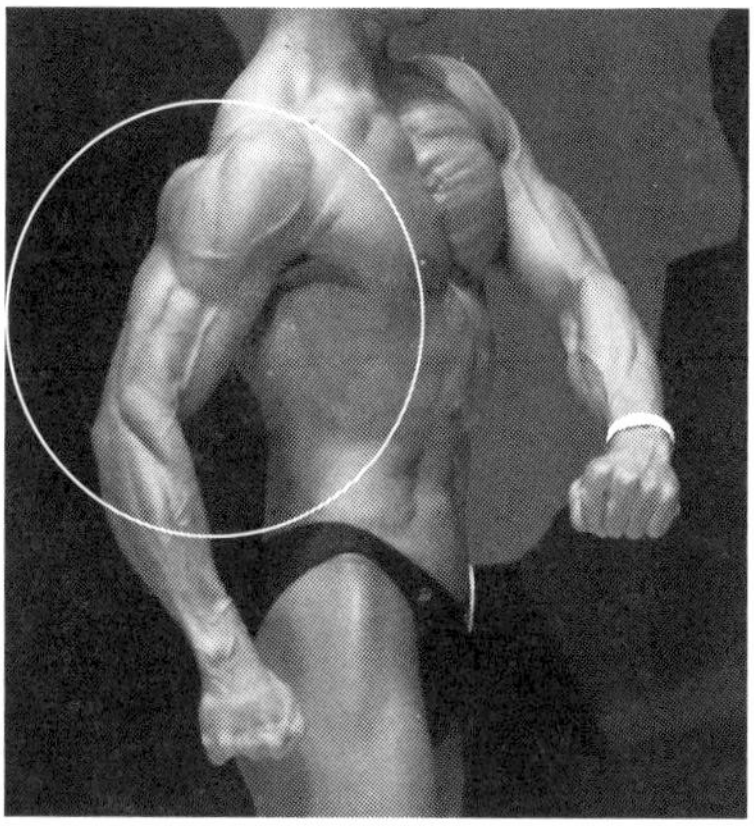

皮下脂肪

ボディビルディングは、皮下脂肪との闘いです。いかに皮下脂肪を落とすかで、キレた身体を作れるかどうかが決まるといっても過言ではありません。

●バルク（Bulk）

大きさ、太さ、厚みを表します。**筋肉は筋線維・筋束の破壊、修復**[※]を繰り返すことで太くなっていきます。さらに筋をしっかりと収縮させることで、大きく、太く厚みを見せることができます。トレーニングと理論が合わさったとき、美しいバルクが生まれるのです。

筋肉は筋線維・筋束の破壊、修復

トレーニングによって筋線維が破壊されてから回復するまでの時間が約48時間です。この超回復が行われてからトレーニングをすると、筋肥大に効果的といわれています。

●プロポーション（*Proportion*）

肉体全体の**バランス**※のことです。ボディビルという競技は、筋肉ひとつ一つを鍛え上げ、大きく、そしてカットを深くしていくことで、彫刻のような凹凸を作り出します。ですが、それだけでは本当の美しさを表せません。大きくするところは大きく、絞るところは絞る。大きければ良いというわけではありません。良いプロポーションとは、上半身と下半身でバランスの取れた肉体ということです。

バランス
本当に素晴らしい肉体は、バランスが整っています。実は、バランス良く鍛えることが、効率良く全体の筋肉量を増やすのに役立ちます。

●シンメトリー（*Symmetry*）

左右対称、という意味の言葉です。人間は、左右対称のものを美しいと認識するそうです。つまり、身体の中心線から左右の筋肉のバランスが取れていれば取れているほど、美しく見えます。人はどうしても利き腕がありますから、完璧に左右対称にすることは難しいんです。でも、それを克服してシンメトリーの肉体を作り上げたとき、本当の肉体美が完成するのかもしれません。

●アウトライン（*Out line*）

身体の輪郭※を表します。プロポーションに近いのですが、肉体だけ

身体の輪郭

いかにバランス良く鍛えていても、脂肪を落としきれなかったとき、身体の輪郭はぼやけてしまいます。実際にそういう肉体を見てみると、そのぼやけている感じが良く分かりますよ。

ではなく、顔の小ささやウエストの細さなど総合的に美しいバランスが作られたときに、良いアウトラインが生まれます。アウトラインだけではボディビル大会で優勝はできませんが、アウトラインが良いとステージに立ったときに目を引きますから、大事な要素のひとつだといえます。

注目ポイントを知ろう！ 肉体編

筋肉を知れば、ボディビルが100倍楽しくなる！

ボディビルをもっと楽しむためには、用語に加え筋肉のこともぜひ知っておきましょう。大きいほうが良い部位、大きさよりも引き締まっていたほうが良い部位など、それぞれ場所によって評価のポイントが違います。それを踏まえると、なぜ優勝者の肉体が素晴らしいのかが、また同時に選手の**個性**※も分かります。同じ競技を行っているスポーツ選手でも、同じ身体の選手はいませんよね？　それと同じで、ボディビルの選手たちの肉体も、一見似通っているかもしれませんが、よく見ていくと個性があります。大きさを見せることが得意だったり、引き締める部位の作り方がうまかったり。そういう差異が分かってくると、きっとお気に入りの選手、もしかすると、お気に入りの筋肉ができてくるかもしれません。だから、部位別の筋肉の特徴を知れば、もっとボディビルが

個性
筋肉がつきやすい身体があれば、つきにくい身体もあります。それもボディビルダーの個性です。それを含めてどう鍛えるのかが、ボディビルディングの醍醐味でもあります。

楽しくなるのです！

●首※

有名なのは、首の付け根の背中側にある僧帽筋ですね。ここが盛り上がると威圧感があるようにも見えますね。さらに、胸鎖乳突筋、肩甲挙筋、舌骨下筋群、頭板状筋など、ひと口に首、といっても、これだけの筋肉があります。ひとつずつすべてを鍛えることで首に太さとカットを出すことができます。どちらかというとバルクよりも、セパレーション、カットを作るほうが美しく見えます。

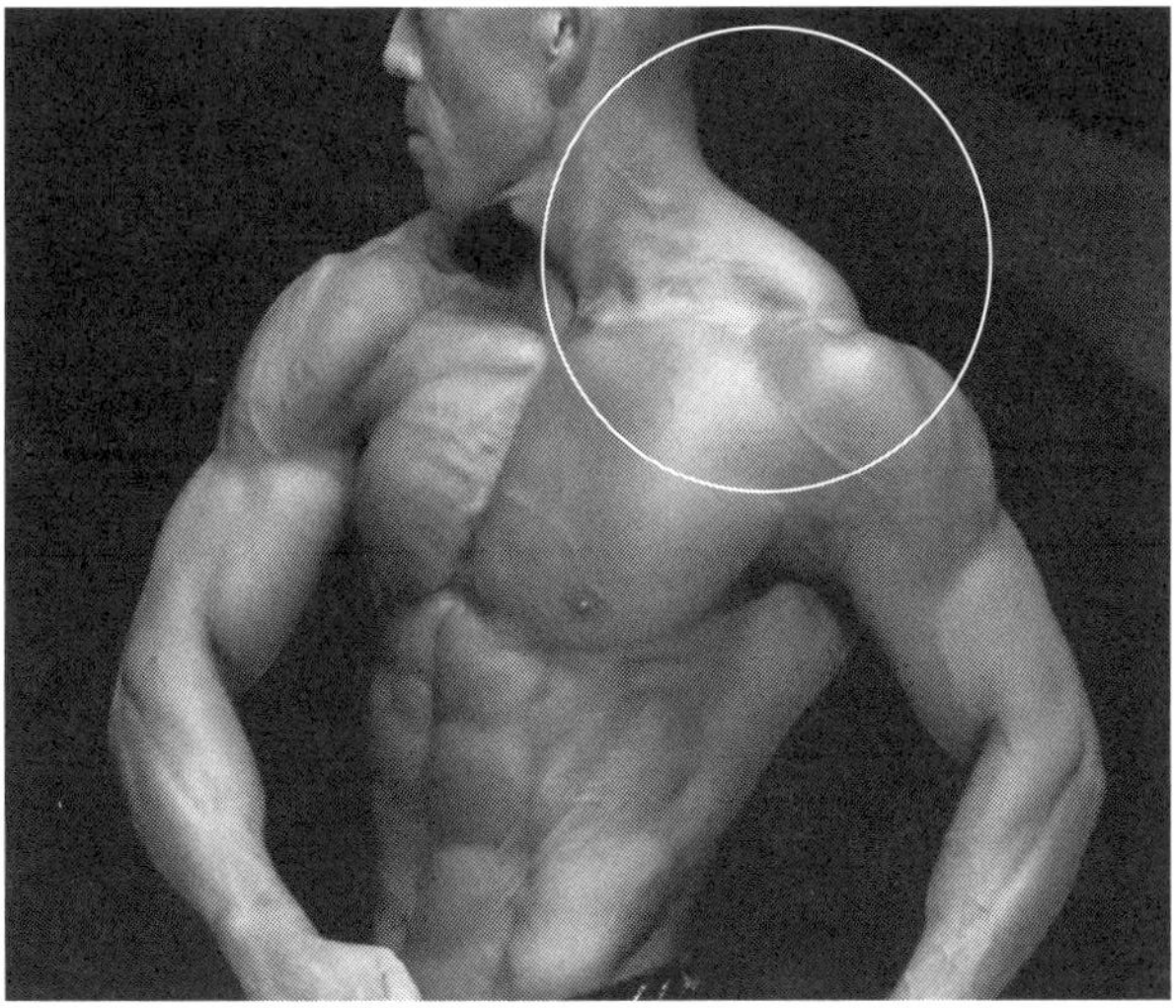

首

首の筋肉を鍛えるトレーニングは、以外と種類が豊富ですし、肩こり予防にも役立ちます。ただ、危険も伴うので、必ず知識のある方と一緒にトレーニングしてください。

●胸

腕立てや**ベンチプレス**※などで鍛える大胸筋がメインです。実は大胸筋は、3方向から鍛えなければ美しいバルクやカットが出てきません。胸の中心から、肩に向かって斜め上に伸びている筋、脇に向かって伸びている筋、そして脇腹に向かって伸びている筋の3方向です。ですから、ただ腕立てやベンチプレスをするだけではなく、腕の角度を変えたり、ベンチの角度を変えたりしてトレーニングしないと、特徴的な大きなバルクの大胸筋は作れません。

ベンチプレス

ベンチプレスは胸だけではなく、上腕三頭筋(二の腕)、三角筋（前部）も鍛えられます。ここは男性でも女性でも、しっかり鍛えることで身体の輪郭が美しく見えます。

●肩

大きいほうが美しく見せられる部位です。中心になるのは、三角筋です。この三角筋も大胸筋と同じように、実は**3方向**※についています。肩はただ丸く大きくなるだけではなく、きちんと鍛えるとカットも見せることができるようになります。

3方向

筋肉は1方向だけについているのではなく、様々な角度でついています。なので、それぞれの向きからひとつ一つ鍛えることで、カットが表れるんです。

●腕※

いわゆる力こぶと呼ばれるのは、上腕二頭筋。上腕三頭筋は、二の腕のことですね。ここをバランス良く鍛えられると、丸く、大きなバルクを作り上げることができます。それに対して、前腕は大きくするよりはしっかり絞ってカットを出したほうが格好良く見えますし、良いバスキュラリティができあがります。

●お腹

誰もが憧れるシックスパックを作り上げることが、お腹の部位の評価につながります。ただバルクさせるのではなく、体脂肪を絞ることでくびれを作ることができます。男子のフィジークやクラシックフィジーク、女性のフィジーク以外のカテゴリーでは、この**くびれ**※が非常に重要な評価ポイントになるのです。

腕

ほかの部位もそうですが、特に上腕二頭筋と三頭筋は、どちらか一方だけ鍛えても効果は薄くなります。裏表、バランス良く鍛えることがバルクへの近道なんですよ。

くびれ

誰もが憧れるくびれ。腹筋を引き締めると同時に、広背筋やお尻を鍛えて大きくすることで、くびれがハッキリとします。ただ痩せるだけではくびれは出ないんです。

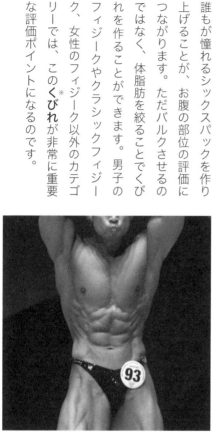

●背中

有名なのは、強さの象徴でもある広背筋ですね。肩甲骨付近の大円筋、さらに脇のほうにある小円筋なども、背中を広く、大きく見せるには大切な筋肉です。また、背骨に沿ってついている脊柱起立筋もバルクさせることが美しい肉体の条件です。ですから、できる限り大きく、広く作っていくことが評価のポイントになります。

●お尻

大臀筋※**を中心に、中臀筋、小臀筋**といった、お尻にあるすべての筋肉をバランス良く鍛えたとき、男性は引き締まった大きなお尻、女性はぷりっとした丸みのある美しいお尻ができあがります。バルクだけではなく、バランスが重要になってくるのがお尻です。

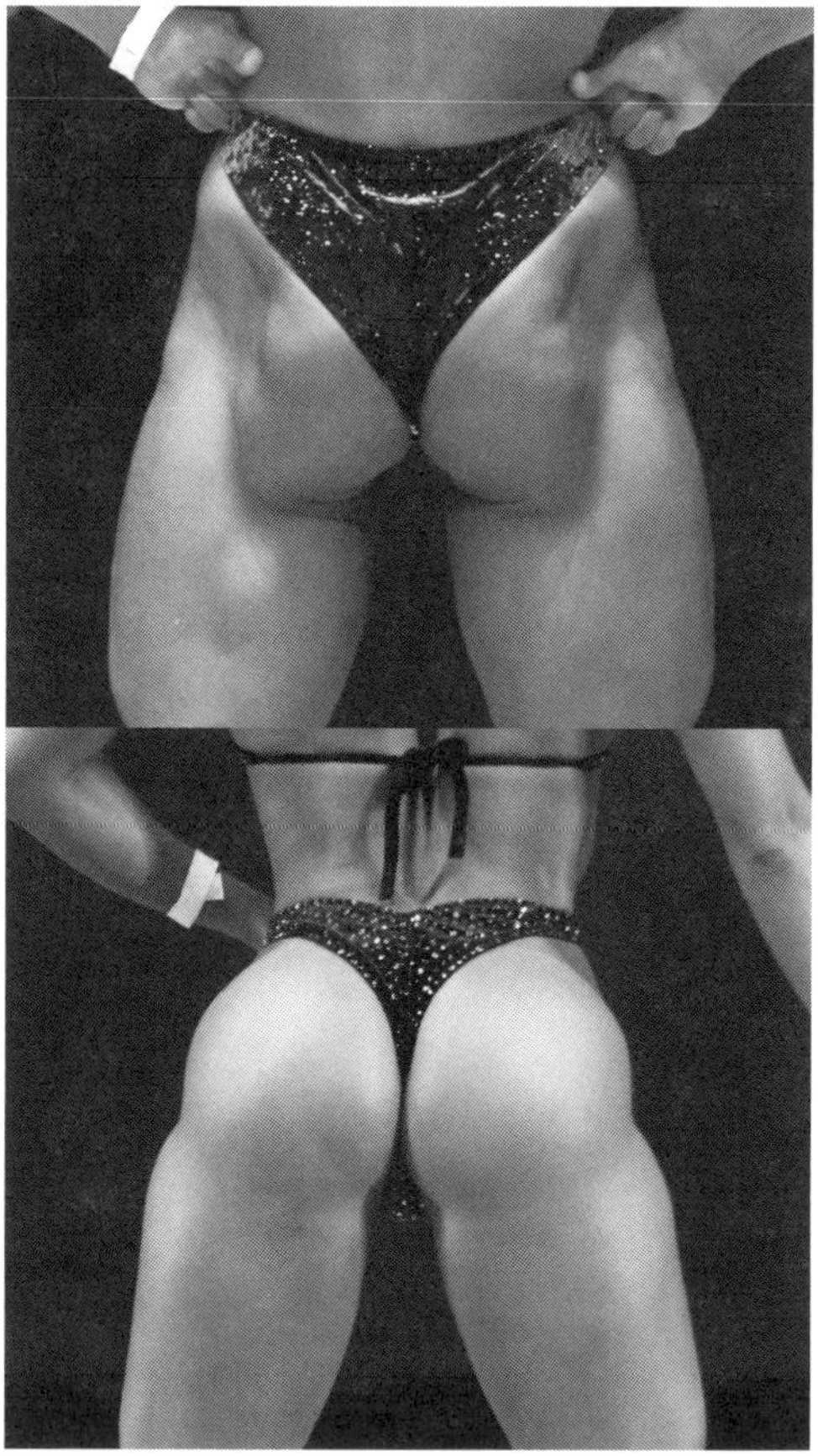

大臀筋、中臀筋、小臀筋
まさに3方向、それぞれ鍛えることで、男性は引き締まったお尻、女性はプリッとした美しいお尻を作れます。どれかひとつだけだと、バランスが悪くなってしまいます。

●脚

太腿を構成する大腿四頭筋は、ひとつ一つハッキリと浮き上がらせたほうが、美しい形になります。さらに大腿二頭筋（ハムストリングス）、そしてヒザから下の下腿三頭筋（ヒラメ筋）をバルクさせつつ、絞ってカットを作ることがポイントです。それだけではなく、**スネ**※の前頸骨筋、長指伸筋も忘れずに鍛えることが美しい脚の作り方です。

スネ

足に合わない靴を履いて長く歩くと、スネが痛くなりませんか？ そう、小さいだけで、実はスネにもしっかりと筋肉がついています。ボディビルダーはこんな小さな筋肉も見逃さずに鍛えています。

『かけ声』の世界を楽しもう

独特な応援の方法である『かけ声』

ボディビルの大会に行くと、大きな声で飛び交っている声援があります。それが、ボディビルの大会を有名にした**『かけ声』**※と呼ばれる応援です。客席から選手に対してかけられる『かけ声』は、観戦に行ったときのお楽しみのひとつでもあります。

普通、応援といったら「頑張れ！」「いけ！」という表現を思い浮かべる人が多いのではないでしょうか。ボディビルには、独特な『かけ声』の世界があります。それが面白いのです。

筋肉の形がハッキリ分かって、筋繊維の筋が見えていたら「切れてる！」

筋肉が盛り上がって大きさを褒め称えたければ「バルク！」

肩の盛り上がりだけではなく、浮き上がった血管の筋がキレイに見えて、ま

かけ声

特に学生の大会では非常に面白い、ユニークな個性溢れるかけ声が飛び交っています。基本のかけ声は『ボディビルのかけ声辞典』に載っていますので、ぜひ。

るでマスクメロンの表面のようであれば「肩がマスクメロン!」

減量で絞り上げていくことによって、広背筋下部にできる三角形がクリスマスツリーのような形に見えたら「背中にクリスマスツリー!」

背中が十分に絞れると、筋肉それぞれの形がハッキリと表れるのですが、浮かび上がるその様がまるで鬼の形相のように見えるので「背中に鬼の顔!」

筋肉のバルクが素晴らしすぎて、もう周囲の選手を呑み込んでしまうほどであれば「デカいよ! ほかが見えない!」

素晴らしい**シックスパック**※を作り上げてきた選手には「腹筋板チョコ!」

もし、全員の選手が素晴らしい肉体を披露してくれていたら、選手皆にこの言葉を贈ってください。「まるでマッチョのデパート!」

辛いトレーニング、苦しい減量を乗り越えただけではなく、選手は時に本当に自分が行っているトレーニングが正しいのか否か不安になってしまうこともあります。そんな心情をおもんぱかる「そこまで仕上げるために眠れない夜もあっただろうに!」

どうですか? 肩がマスクメロン、とは、普通は相容れない言葉の組み合わせです。うまく比喩された『かけ声』に、思わずなるほど、と手を叩きたくなるときもあります。ほかにもまだまだたくさん『かけ声』がありますが、詳し

シックスパック
腹筋を鍛え上げたときにできる、6つの盛り上がりのことを指します。当然、腹筋だけを鍛えればできるわけじゃありません。

くは〝**ボディビルのかけ声辞典**※〟でお楽しみいただければと思います。

そういう、面白おかしい、ユニークな『かけ声』は、学生の大会のほうで多く聞かれます。また、学生の大会はいつの間にやら応援合戦になっているときがあります。選手たちよりも観客のほうがヒートアップしているくらいです。それもボディビル観戦の醍醐味といえますね。

最初にお話したように、観戦の入り口は何でも良いのです。ですから、『かけ声』の言葉の面白さを楽しみに行く、というのも、もちろんアリです。ぜひ選手たちに『かけ声』をかけてあげてください！　選手にとって、応援の『かけ声』は魔法の言葉です。『かけ声』があると、自分を応援してくれる人がいるんだ、とパフォーマンスに気合が入ります。

はじめは恥ずかしいかもしれませんが、周りでたくさん大きな『かけ声』が飛び交っていますから、思い切って、声を出してみてください。

「切れてる！」、「カッコいい！」、「最高！」

最初から、「肩がマスクメロン！」なんて言いにくいかもしれませんね。だからスタンダードな『かけ声』、「がんばれ！」「いけ‼」で大丈夫です。もし『かけ声』をかけてくださるなら、『かけ声』と一緒に選手の名前や番号も言ってあげてください。ハッキリと自分のことを応援してくれているんだ、と分かる

ボディビルのかけ声辞典
本書と同じく、スモール出版から発売された、ボディビルのかけ声だけを集めた本です。真面目なものからクスッとできるものまで網羅されています。

だけで、選手はとてもうれしくなります。自分のトレーニングの方向性に悩んで苦しみ、眠れない夜を過ごしたとしても、『かけ声』ひとつで報われるのです。それに、番号や選手の名前を呼んでもらえると、審査員への**アピール**※にもなります。

「3番最高！　肩でかい！」

どうですか？　大きな声でそんな『かけ声』が聞こえてきたら、自然と3番の選手を見ますよね。そうなったら、選手は審査員にアピールできるチャンスを得ることができます。

ユーモラスな面ばかり注目されがちですが、『かけ声』はボディビルにとって必要不可欠であり、選手たちにとっては最高の褒め言葉。楽しい『かけ声』の世界の裏側に、こんな真剣な面が隠れているんだ、と知っていただければうれしいです。声を出すことで大会に参加している「選手とともに戦っている!!」という一体感も生まれます。

ぜひ観戦に行った際には、選手たちに『かけ声』をかけてあげてくださいね！

アピール

単に肉体を鍛え上げれば優勝できる、というものではないのがボディビルです。しっかりと個性を審査員にアピールして、自分の身体をよく見てもらうこともボディビルダーの必要な素養です。

フィジークに見る きらびやかな美しさ

格好良さや女性らしさを追求するのがフィジーク

ボディビル大会観戦の入り口としてお勧めしたカテゴリー、フィジーク。これは男子と女子で意味合いがガラッと変わります。

男子における筋肉の最高峰は〝ボディビル〟です。上半身、下半身ともに、筋肉の大きさ、カット、バランスがすべて整い、完成形に近い肉体を作り上げる競技カテゴリーです。それに対し、男子フィジークのテーマは〝海で見かけるカッコいい身体の男子〟。

実際に男子フィジークを観に行っていただければ分かりますが、いわゆる筋骨隆々の追力よりも、爽やかという言葉が似合う競技です。

コスチュームも**ボディビルパンツ**※ではなく、サーフパンツを着用します。ということは、ボディビル競技と違い、脚が隠れてしまいますよね。もちろん美

ボディビルパンツ
ボディビル大会にはウエア（パンツ）に規定があり、それがボディビルパンツです。JBBFマークの入った公式ウエアがあるので、皆それを使っています。

しさは必要ですが、ボディビルのような脚の重要度はなくなります。それよりも、逆三角形の美しく映える上半身が評価の対象になります。つまり、最重要とされているのは彫刻のような、男性らしさを前面に押し出した力強い肉体というより、客観的に見て〝カッコいい〟身体なのです。俗に言う、モテボディ、ですね。

ですから、髪形も審査対象です。肉体だけをキレイに仕上げていても、髪がぼさぼさだったら、カッコいいとは思えませんよね。サーフパンツもボロボロだと、イカしませんよね。自分の身体や性格、雰囲気に合った色のサーフパンツを選ぶことも、男子フィジークの重要なポイントなのです。

過度な筋肉は減点対象となります。絞りすぎも同じです。つまり、健康的でバランスの取れた肉体を作り出さねばならないのです。

審査のポージングの雰囲気も違います。筋肉の大きさ、カットの深さを強調するボディビルと違い、全体のバランスが重視されます。肉体を誇示する、というよりは、さりげない**ポージング**※のなかに、引き締まっていて、しっかりと鍛え抜かれた筋肉を主張する。トータルパッケージで審査されるのです。

親しみやすい肉体、という印象からか、最近は男子のフィジークはとても人気があります。ゴツゴツの筋骨隆々な肉食系男子よりも、優しい雰囲気ながら、

ポージング
ボディビルダーがステージで行うポーズのこと。ナンバーワンになるためには、肉体を仕上げることも必要ですが、ポージング技術も必要です。

41
40

ESS
51
48
46

脱いだら身体はすごい！　というギャップ感が理由でしょう。そして、そこを入り口にし、もっとたくましい肉体はどんなものなのか、と興味を持って、ボディビルの世界に足を踏み入れてくださるファンの方々も多くいらっしゃいます。

一方で、女子のフィジークは男子のボディビルに当たります。つまり、女子の最高峰のカテゴリーになるのです。

以前は、女子にもボディビルというカテゴリーがありましたが、海外ではあまりにも筋肉を鍛えすぎたがゆえに、選手たちに女性らしさがあまり見られなくなってしまいました。それは、努力という側面から見れば素晴らしいことかもしれませんが、女性としての美しさはどこかにいってしまいました。

男子のボディビルは筋肉を鍛えていくことで、彫刻のように力強さや男性特有の男らしさを作っていきます。でも、女性がそれに近づくことは、本当に美しさを、究極の肉体の美というものを追求することにつながるのでしょうか。

そのような考え方が広まった結果、筋肉のビルドアップに加えて女性らしい美しさ、しなやかさを盛り込んだ新たなボディビル「フィジーク」が創設され、女子の最高峰のカテゴリーとなったわけです。

ただ、**評価ポイント**※は男性ボディビルとほぼ同じです。そこに、女性らしい美しさが評価ポイントとして加えられています。たとえば、ポージングすると

評価ポイント
カテゴリーによって評価のポイントは異なります。それぞれのカテゴリーに合わせた身体を作ることが、ボディビルダーには求められています。

174

162

10

きの指先ですね。男性は力強さを強調するために握り拳を作ることもありますが、女性は指先を伸ばしたポーズを取ることが好まれます。男子ボディビルにもありますが、自分が持参した音楽に合わせて自由にポージングを行うフリーポーズでも、女性らしさのアピールが必要不可欠です。

つまり、女子フィジークは女性でありながら、彫刻のような美しさを追求します。しかしその身体は決してごつごつしたものではありません。筋肉ひとつ一つは際立つ強さを保ちつつ、女性らしさを帯びたきらびやかな美しさを併せ持った芸術作品といえるでしょう。

私は競技としてフィジーク大会にも出場しましたし、ボディフィットネスやフィットネスビキニも出場しました。装身具をつけられる範囲の違いがあったり、ハイヒールを履いても良かったり、それぞれのカテゴリーでそれぞれの面白さ、楽しさがありました。

私としては、やはり何も身につけずに、肉体の究極の美を追求する、フィジークが楽しかったです。自分の肉体そのもので勝負をする楽しさ。ひとつ一つの筋肉を鍛えていく面白さ。それが身体のラインという結果として表れることのうれしさ。ボディビルという肉体を鍛え上げる競技の醍醐味はそこだと、私は思います。

曲線的な美しさを追求する

アクセサリーを使って際立たせる肉体の美しさもある

ボディビルよりもライトなフィジークですが、それよりもさらに女性らしさを前面に押し出した競技カテゴリーがあります。それが、ボディフィットネスとフィットネスビキニです。

筋肉の美しさは当然ながら、女性らしい**丸みを帯びた身体**※、というのも美しいものです。たとえば、『ヴィーナスの誕生』という絵画の主役である女神は、決して筋骨隆々ではありません。ですが、美しい。男性にはない、女性の身体ならではの曲線美です。

その〝女性ならでは〟の肉体の美しさを追求しつつ、ボディビルの本来の筋肉美を掛け合わせたカテゴリーが、これらボディフィットネス、フィットネスビキニの特徴です。

丸みを帯びた身体
男性ほど皮下脂肪を落とせない女性だからこそ見せることができる美しさ。それが丸みを帯びた身体なのではないでしょうか。そこにスパイスとして筋肉が入ると、その丸みが引き締まって美しく見えるのです。

では、肉体美を追求しつつ、女性らしさを表現するにはどうすれば良いのでしょうか。

あなたが女性らしい身体の部位はどこですか、と聞かれたときに、どこを思い浮かべますか？　多くの方が、胸とお尻という2カ所を思い浮かべると思います。全体のバランスを整えながら、この2カ所をうまくボディビルディングしていくのです。もちろんこの2カ所のトレーニングだけではありません。

ですが、胸やお尻は脂肪が多くあるところであり、減量によって体重が減ってくれば当然、影響が出てきます。これをいかに女性らしい丸みを残しながらボディメイクしていくかが大変なところです。女子フィジークに出場する選手たちのお尻は、筋肉のスジがしっかりと表れた彫刻のような美しさです。一方で、ボディフィットネスやフィットネスビキニに出場している選手たちのお尻は、プリッとした艶やかな美しい丸みを帯びています。ごつごつせず、滑らかな曲線を作りつつ、ほどよく鍛えられた**お尻の筋肉**※によって引き締まった印象を与える。そんなお尻を作り出していくのです。

ボディフィットネスは、コスチュームとして**ハイヒール**※を使用して出場するカテゴリーです。

私がボディフィットネスにチャレンジしたとき、ハイヒールという武器の素

お尻の筋肉
お尻は鍛え方ひとつで、こんなに表情が変わるのかと思うほど、大きく変化します。鍛え方を変えるだけで、筋骨隆々に見せたり、プリッと丸みを見せたりすることもできる。だからボディビルは面白いのです。

ハイヒール
私はヒールという道具が、女性の美しさを際立たせることを身にしみて感じました。何もつけてはいけないフィジークと、ヒールを使っても良いカテゴリを体験すると、ヒールを使う使わないだけで、脚の美しさは大きく変わりました。

晴らしさをあらためて感じました。そういう武器を使えるのも、ボディフィットネスの魅力です。ですが、その武器があっても、それを履きこなすテクニックがなければ台無しなわけです。ハイヒールは女性を美しく魅せるツールであることは女性の皆さんはご存知だと思いますが、自分の身体の一部にしなければ意味がありません。

正直、ヒールを長時間履いていたら足が痛くなりますが、やはり女性の美しさを作り出す道具でもあります。皆ステージで輝くためにヒールを履きこなしています。

フィットネスビキニも、ハイヒールに加えて**アクセサリー**※の使用もＯＫです。ピアスをつけていたり、ブレスレットをしていたり。ウエアも、フィジークに比べるととてもきらびやかな衣装の着用が許されているカテゴリーです。

また、女性らしさを評価するウォークがあったりターンがあったりします。筋肉だけではなく、全体の肉体のバランス、さらに仕草にも女性らしい美しい所作が求められるのです。

こう聞くと、女性のボディフィットネスやフィットネスビキニのトレーニングは、フィジークほど過酷ではないのではないか、と思われるかもしれませんが、フィジークにはフィジーク、ボディフィットネスにはボディフィットネス

アクセサリー
あまりに華美なものは禁止です。あくまで主役は肉体であって、装身具という言葉のとおり、外見を装うだけのものですから。

ボディフィットネス

フィットネスビキニ

そしてフィットネスビキニにはフィットネスビキニの難しさがあるのです。

お分かりいただけましたでしょうか？　女性らしさと筋肉の美しさを両立させるには、バランスが非常に大切であり、そのバランスが難しいのです。ちょっとでも天秤がどちらかに傾いてしまったら、大会直前に調整できるものではありません。きちんとトレーニングの量や質、食事もバランスを考えて摂取しなければ戻せないのです。そうして作り上げられた、同性ですらうっとりするような女性らしい肉体美は必見です。

フィジークは、ボディビルの魅力が詰まった、筋肉美を観られる大会。そして女子のボディフィットネスやフィットネスビキニ、ミス21**健康美**[※]は、鍛えることで得られる女性らしい美しさを知り、堪能できる大会といえるでしょう。筋肉美を見てほしいのはもちろん、ぜひとも女性らしい美しい肉体も、ボディビルによって作ることができるんだ、ということをボディフィットネスやフィットネスビキニの観戦によって知っていただけたらうれしいです。

健康美

フィジークの肉体が健康的ではないわけではありませんが、はつらつとした張りのある肌や身体の躍動感などは、健康美な要素のひとつ。これらも作り出す必要があるのが、このカテゴリーの難しいところです。

ミス21健康美

第3章

大会当日、観戦を楽しもう!

Enjoy watching the game on the day of the tournament!

ボディビル大会の流れを知ろう！

1日※の流れを追うと分かるボディビルの見どころ

様々な角度から大会を紹介してきましたが、一度会場に行って実際に見てもらうことがいちばんです。そうすれば、ボディビルというものを肌で感じることができます。そこで前情報として、まずは基本となるＪＢＢＦが主催するボディビル大会を参考にした1日の流れを説明します。

●開会式

開会宣言や国旗掲揚、大会会長挨拶、来賓挨拶、選手宣誓に審査員紹介と、ここはほかのスポーツ大会と同じ流れですね。参加人数がすごく多い大会の場合は、予選が行われたあとに開会式という場合もありますが、基本的には朝、予選前に行います。

1日の流れ
ボディビル大会は、基本的に1日を使って行われます。会場入りから表彰式、そして打ち上げも。家に帰るまでが遠足、家に帰るまでが、ボディビル大会です。

選手宣誓は、基本的にその大会の優勝候補の選手が務めることが多いですね。裏話をすると、当日に突然選手宣誓をやってくれないか、という依頼が来ることもあります。有力選手に声がかかることが多いので、その選手を開会式でチェックしておくと良いでしょう。

●ピックアップ審査

参加者が多いとき、予選審査に進む12人の選手を選ぶ審査です。参加者が12人以下の場合は、このピックアップ審査は行われません。

大会によっては、一度にステージに上がる人数が30~40人にもなることがあります。ここで取るのは、**規定※の4ポーズ**です。これは予備予選のようなものですね。1つ目は、フロント・ダブルバイセプス、2つ目はサイドチェスト、3つ目がバック・ラットスプレッド、そしてアブドミナル・アンド・サイです。これら4つのポーズは、ざっくりと身体全体を審査できるポーズです。

日本最大の大会である全日本選手権では一次ピックアップというのがあって、前年度の上位12人に入っていない選手たちから12人を選ぶ審査を行い、次に二次ピックアップで、前年度の上位12人を合わせた24人を、12人に絞ります。ジャパン・オープンという大会でも同じように一次、二次ピックアップが行

規定ポーズ
予選で審査されるポーズのこと。基本的には男子は7つ、女子は4つのポーズが使われます。ポージングについては、P94から詳しく説明しています。

われるのですが、こちらは一次では20人を選出し、二次でこの20人からさらに12人に絞る、という審査になります。一次、二次があるのは、この２大会です（２０２０年３月現在）。

●予選審査

ピックアップ審査によって選出された12人の順位付けが、ここから始まります。

まずはクォーターターンと規定のポーズを使って、審査が行なわれます。「ターンライト」、というMC※の合図でフロント、サイド（右向き）、バック、サイド（左向き）と４回ターンをして規定ポーズを取るのがクォーターターン。規定ポーズは、ピックアップ審査で行った４つのポーズに加え、フロント・ラットスプレッド、バック・ダブルバイセプス、サイドトライセプスの３つが加わった、全７種類です。その後、数人をピックアップして前に並ばせて、比較審査が行われます。これをコールと呼びます。ファーストコール、セカンドコール、サードコールと、数回比較審査が行われて、順位付けされていくのです。

「○番と○番の選手」と**コール**※をされて、ステージ前に並びます。これが比較審査です。最初のコールがファーストコール、次にセカンドコール、と続い

MC
会場内の司会進行役のことです。マスターオブセレモニー（Master of Ceremony）の略だということ、知っていましたか？

ていきます。この比較審査が選手にとっては、いちばん緊張する時間なのです！

というのも、コールされた者同士の比較により、自分の順位が下位であるか、上位であるかが予想できるからです。たとえば、前年度の上位に入っていた選手と一緒に比べられたなら、どちらかというと、上位に位置付けられているのかな、と見当がつきます。反対に、全く別の選手と比較され続けていくと、自分は下の順位なのかな、と不安になってしまうこともあります。

ここではもちろん順位の発表はありません。ですから、選手たちは比較審査で誰と比較されているのか、何回比較されるのかで自分の順位を予想していきます。さすがに何回もコールされて比較されていくと疲れてきます。ですが、少しでも気を抜いたり、疲れたからといってだらっとしてしまったりすれば、今までの努力が水の泡になってしまいます。なので、選手たちは比較される度に全力を尽くして筋肉を見せていきます。

それは、コールされていない選手でも同じです。コールされている選手に目が行きがちですが、後ろに並んでいるコールされていない選手たちにとっても、実はPRタイムなのです。ここで気を抜いてだらけた姿勢を取っていると結構目立ちます。ですから、コールをされていなくても、しっかりと自分の身体を魅せる立ち振る舞いをする必要があるのです。ステージ前に並ぶ選手たちだけ

コール
MCが選手のゼッケン番号を読み上げ、ステージの前に呼び出す行為です。コールをされるかどうかは、選手にとっては非常にドキドキする瞬間でもあります。

ではなく、コールを待つ選手にも注目してみてくださいね。

ちなみに、全日本選手権、ジャパン・オープン、そして日本ジュニア選手権、全国高校生選手権の４つの大会では、予選でふるい落とされることはなく、12人全員が決勝に進出します。それ以外の大会では、ここで上位６人が選ばれ、残りの６人は脱落し、残念ながら先には進めません。

●決勝審査

さあ、いよいよ決勝審査です。ここでは、60秒以内の**フリーポーズ**※が審査されます。フリーポーズ、というのは、選手自身で用意した音楽に合わせて、自分をアピールするポーズを自由に表現する場です。このフリーポーズが、ボディビルの見どころのひとつでもあります！

ダンス要素を取り入れる選手もいれば、自分がいちばん見せたい部位を強調できるポーズを形を変えながら行う選手もいます。つまり、選手それぞれが思う存分、自分の個性を発揮できる場所となります。

選曲も自由ですから、ロックを使用してみたり、ユーロビートにしてみたり。なかには演歌を使ったり、音楽に合わせて**パントマイム**※をする選手もいます。

フリーポーズが素晴らしい選手には、ベストアーティスティック賞が贈られる

フリーポーズ
有名どころで言えば、なかやまきんに君はネタで使う音楽を使用しますし、オードリーの春日もネタで使うパフォーマンスをして会場を沸かせてくれました。

パントマイム
透明な壁があるように、手の動きで見せるのが有名ですね。そういうのも、フリーポーズでは面白くて注目を集めます。

大会もあります。

規定ポーズは得意だけど、フリーポーズが苦手という選手もいますし、フリーポーズになったら違う魅力を出せる選手もいます。まさにその人らしさが出る審査なのです。

●順位発表&表彰式(ポーズダウン)

決勝審査が終われば、いよいよ順位発表です。ボディビルの世界の順位発表は特殊な方法が採られています。その名も、ポーズダウン!

なぜそう呼ばれるかというと、決勝に進んだ選手全員が、一度ステージ上に並びます。その状態で順位発表がなされていくのですが、方法はカウントダウン方式です。つまり、12人で行った決勝審査の大会であれば、12位から発表されていきます。

順位が発表される声に応え、選手たちはそれぞれ審査員、そして観客の方々に感謝の気持ちを込めてポージング。そして後ろに下がります。それが11位、10位……と続いていくので、会場も徐々にヒートアップしていきます。そして、最後に**優勝者**※だけがステージの前に残るのです。この瞬間、大歓声が上がります。選手にとっては歓喜の時ですね。

優勝者

日本選手権の優勝者は、まさにその年のナンバーワンの肉体を作り上げた人となります。でも、それがすべてではありません。この日までに仕上げてきた選手たち全員が、優勝者で良いと私は思います。だって、すべてが芸術作品なのですから。

いかがでしたでしょうか？　大まかな流れを説明しましたが、多くの大会は1日がかりで行われます。

観戦に行けば、きっと1日があっという間に終わってしまうことでしょう。

ぜひ、めくるめく筋肉の世界を思う存分堪能してくださいね！

2019 年全日本選手権　女子フィジーク優勝者

ボディビル観戦者の朝は早い

朝からボディビル大会を楽しもう

早速、ボディビル観戦に行ってみましょう！

まずは朝、会場に向かいましょう。大会を心待ちにしているのは、選手やファンの皆さんたちだけではありません。家族だったり、**トレーニング仲間**※だったり。選手に関わるたくさんの方々が、ワクワクしながら開場を待ちかねています。

大会当日の受付は、競技が始まる1時間前くらいからです。観戦者の方々の多くが、早くから会場にいらっしゃっています。まれに当日券を販売している大会もありますので、それを狙っておられる方もいます。ですが、ほとんどの大会はチケットは事前販売で、座席も指定されていることが多いです。では、どうしてチケットを確保しているのに、皆さん朝早くから会場に行くのでしょうか。

トレーニング仲間

ジムに行くと、ひときわ異彩を放つ大きな肉体を持った人が多々います。そういう人たちとはすぐに仲良くなって、トレーニングの情報交換をするようになります。仲間たちが応援に来てくれると、とても気合が入ります。

理由のひとつは、選手に会うためです。選手と観客で入場口が違う場合もありますが、両者が同じ場所で開場を待つ大会もあります。ですから、朝に「応援してるよ!」「頑張ってね!」と声をかけるために、選手たちと時間を合わせる方もいらっしゃいます。このタイミングで差し入れを渡す方もおられます。選手としては、大会前に『いってらっしゃい!』と送り出していただけるだけで、もう十分に心強いことなんですよ。

もうひとつは、会場の中にある売店での買い物です。会場にはスポンサーの会社のサプリメントやウエア、女子選手が使っているアクセサリーの販売などや大会限定で割引商品があったり、大会オリジナルグッズも出ていたりします。大会でのブース販売はお得感も高いので、お目当てのグッズを売り切れる前に手に入れようと、朝早くに会場入りをする方もいます。

選手からすれば、本番が始まる前からこれだけの観客の方々が来てくださっていることを目の当たりにすると、つまらない大会だったと言われないように頑張ろう!と、ウォーミングアップのパンプアップ[※]にも気合が入ります!

観戦に行かれるときには、ぜひ朝から会場の雰囲気を楽しんでください。選手たちが出てくる瞬間まで、ドキドキしながら待つのも、ボディビル観戦の魅力でもあるのです。

パンプアップ
筋肉に刺激を入れて、筋肉中の血液やリンパ液などが増えて筋肉が膨れ上がること。仕上げで行うと、筋肉だけではなく肌も張りが出て美しく見えます。

選手たちの戦いは開始前から始まっている

観ることができない裏側で起こっていること

観客の皆さんが選手たちの登場を待ちかねているとき、選手たちはステージの裏側で何をしているのでしょうか。

会場には控え室があり、そこに選手たちは荷物を置いて待機しています。そして、様々なチェックが行われます。コスチュームなら、カテゴリーの基準に沿ったコスチュームか、アクセサリーのサイズやヒールの高さなどが規定に違反していないかなどもチェックされます。カラーチェックといって、**人工的に皮膚に色をつけていないか**※（カラーリング）を確認したり、重量別の大会であれば計量が行われたりもします。（前日に行われることもあります）

それらがクリアできれば、最後の準備に取りかかります。いわゆるパンプアップというものです。パンプアップという言葉はＰ83でご説明しましたが、ざっ

人工的に皮膚に色をつける
最近では、カラーリングを許可する大会も増えています。

くりと言えば、軽く筋肉に刺激を入れて張りを出すことですね。ボディビルダーにとっては、このパンプアップがなかなか大変なのです。

というのも、ただ腕立て伏せをすればいい、というわけではなく、きちんと見せたい筋肉ひとつ一つを丁寧にパンプアップさせなければ、バランスが悪くなるばかりか、効果が薄れてしまいます。とはいえ、勝負はピックアップ審査から始まり、予選、決勝と1日がかりです。朝にベストコンディションを作ってしまうと、夕方の決勝が始まる前にはもうへろへろに疲れてしまった……なんてこともあります。大会のはじめから最後までベストでいられるように、選手たちは自分の身体に最後の仕上げを施していきます。

仕上げのための器具は、大会側が用意してくれている場合もありますが、ほとんどの場合は選手たち自身が使い慣れた道具を持ってきて、筋肉に刺激を入れていれてきます。なので、ボディビルダーが持って来る大会当日のバッグの中身は、ユニフォームやドリンク、昼食などばかりではなく、ダンベルが入っていたり、**チューブ**※が入っていたりするので、とても重たい！　バッグを持って会場に行くだけで、十分な脚のトレーニングになっているかもしれませんね。

こうして、選手たちは自分の出番の前には仕上げのトレーニング（パンプアップ）をして、出番を今か今かと心待ちにしているのです。

チューブ
ダンベルなど重量のあるものは荷物になるので、軽くてパンプアップができるチューブはとても便利です。

また、ちょっと変わった戦いが繰り広げられていることもあります。それは飲み物食べ物争奪戦です。

ボディビルダーは、身体を仕上げるために様々な食事制限を行います。**炭水化物**※の量を減らしたり、良質な**タンパク質**※をいかに摂るかを工夫したり。それは大会当日も同じことです。そして、最後の最後まで調整して食事を摂ります。大会のときにも、基本的には身体に入れるものは持参しますし、自分の筋肉が何を摂れば良い状態になるのか、どのタイミングで摂取すれば身体のキレが良くなるのかなどを考えています。

とはいえ、ボディビルダーのバッグはトレーニング器具などもあってとても重たいです。そこに、何ℓもの水を持ってきたり、たくさん食べ物を持ってきたりしていると、さらに荷物は大きくなりますし、時期によっては食べ物も傷む恐れだってあります。ですから、ボディビルダーも当日、会場内であったり、会場近くのコンビニや自動販売機を利用します。

そこで何か起こるかというと、コンビニでいえばサラダチキンやちくわなど、高タンパク低カロリーで、さっと口にできるものから売り切れていきます。自動販売機では、水や糖分などが入っていないブラックコーヒーからなくなります。特にドリンクは、あっという間に完売していることもあります。

炭水化物
ご飯など、エネルギーになるものです。これを摂っておかないと、人は筋肉をエネルギーに変えてしまいますから、ボディビルダーは炭水化物もバランス良く摂っています。

タンパク質
卵や豆腐に代表される大豆類などは、とても良質なタンパク質です。ちくわも実は良質な高タンパク質で、手軽で安くお勧めしたい食材です。高タンパク低カロリーはボディビルダーの基本です。

ベテランの選手はどのタイミングで食事をするのか、パンプアップをするのかよくわかっています。私は駆け出しの時に、先輩方のラスト調整の方法や何を食べているかなど、こっそり様子を見ていました。

このように、選手たちの戦いは、ステージに上がる前からもうすでに始まっています。観客の方々が知らないところでも、選手たちは最高の肉体美を見せるためにいろいろと奮闘しているのです。

いよいよ開幕！開会宣言で大会がスタート

開会式はマッチョ※の満員電車？

様々な準備が終われば、いよいよ大会の開幕です！　観客の皆さんも席に座って、選手たちがステージ上に出てくるのを今や遅しと待っている状態ですね。

ステージ裏は、開会式を待つ選手でごった返しています。会場によってはバックヤードが結構狭いときもあります。想像してみてください。あの大きな筋肉の塊たちが、ステージの狭いバックヤードに詰め込まれている様を。早く解放してあげたくなりますね。

マッチョ

スペイン語の macho が語源といわれていますが、正確なことは分かりません。日本語のマッチョのことを英語では、buff（バフ）と言います。

また、選手たちはパンプアップできるスペースを確保したり、調整のための食料をチェックしたり、忙しく動き回っていることもよくあります。

多くの大会は、開会式が終わればすぐに競技がスタートします。もちろん服を着たままの式もありますが、ステージングウエアで開会式に臨むこともあります。すでに裸、ということですね。しかも、選手たちはとっくにステージに上がる筋肉の準備もできています。つまり、身体がしっかりと熱を持って、張り、**ツヤ**※が良い状態です。

そうなると、もう熱気が止まりません。たとえそれが冬場であっても、ガラスは確実に曇るほどです。

そんな熱気を持った選手たちが、一斉にステージに登場します。所狭しと見事に鍛えた肉体を持つ選手たちが並ぶその様子は、まさにマッチョの満員電車です。

ステージ上の選手たちの顔を見てみてください。きっと、やる気に満ちあふれた素敵な表情をしているはずです。そんなキラキラと輝く選手たちが、どんなパフォーマンスを見せてくれるのか。大きな期待を抱きながら、開会式も選手と一緒に出席してくださいね。

ツヤ
競馬でも「毛づやが良い」と言いますが、体調が良いと人間も毛づや、肌つやが良い状態になります。ツヤはボディビルダーの仕上がりのパラメーターともいえるでしょう。

全身に力を込める『リラックスポーズ』とは

身体のバランスがポーズで判明する

開会式が終われば、いよいよ競技開始です！　今まで苦労に苦労を重ねて準備してきた身体を披露できるこの瞬間を、選手たちは待っていました。

ＭＣのコールで選手たちがひとり一人入場し、ステージに出ます。参加人数や大会規模にもよりますが、だいたいステージ上には10人くらいの選手が一度に並びます。

そして、選手は最初のポーズを取ります。それが『リラックスポーズ』です。はじめてこのリラックスポーズを見た方は、「これが〝リラックス〟なの？」と思われることでしょう。言葉ではリラックス、と言っていますが、実際には※**全身に力が入ったポーズ**です。決して、筋肉の力を抜いた、言葉どおりのリラックスポーズではありません。リラックスしたように見える、自然体での筋肉の

全身に力が入ったポーズ
ボディビルダーは身体のいろんな場所を意識的に動かすことができます。それができるから、細かくいろんな部位を鍛えることができます。胸をぴくぴくさせるのも、そのひとつなんですよ。

バランスを見るためのポーズなのです。

このリラックスポーズは基本中の基本で、実はここでどれだけ自分をアピールできるかどうかが選手にとっては大切になります。ここでほかの選手との違いを見せることができたら、上位入賞が期待できるかもしれません。

どんなスポーツでも本当に強い選手は、基本に忠実で、基本のテクニックのレベルがとても高いですよね。ボディビルも同じです。このリラックスポーズこそが、ボディビルダーにとっての基本であり、ここで自分の肉体の素晴らしさをアピールできる選手が、やっぱり実力のある選手なのです。

リラックスポーズは正面、左側、後ろ、右側の4方向から審査します。

『フロントリラックス※』。

まずはこのコールで、選手は正面を向いて立ちます。リラックスしたようなポーズを取りますが、全身に力が入り、筋肉がしっかりと盛り上がっています。普通、筋肉は曲げたり伸ばしたりしないと、存在を見せることができませんですが、ボディビルダーたちは特別な動作をしなくても、様々な部位の筋肉に力を入れることができます。

たとえば、胸の筋肉。何にもしていないのに、ぴくぴくと動かせる人を見たことがありますよね。あれと同じように、お腹や背中、肩、首、脚や腕、それ

フロントリラックス
正面から見るときは、身体の輪郭や絞りの程度などがハッキリと見て取れます。身体全体のバランスもここで見られることが多いです。

ぞれしっかりと筋肉を自分で意識的に動かせるのです。
フロントリラックスでは、身体の輪郭、正面からの背中の広がりや脚の広がりが見られます。フロントリラックスの状態から、MCが次の指示を出します。

『ターンライト』※。

この合図で、選手たちは90度（クォーターターン）、右回りにターンします。その状態でリラックスポーズを取ります。審査員に身体の左サイドを見せるのです。

これをあと3回繰り返します。次のターンライトで背中を見せて、次のターンライトで右サイドを見せます。そして最後のターンライトで正面に戻ります。

ターンライト
基本的には右回りでターンしていきます。特に大きな意味はありませんが、90度ずつターンして身体のラインを見せていきます。

38

『規定ポーズ』が選手の差を明確にする

それぞれのポーズに力・思いを込めて

ボディビルの大会には、審査のための規定ポーズが存在します。どの大会でも、そのカテゴリーで必ず審査するポーズのことです。男子ボディビルのカテゴリには7ポーズ、女子フィジークでは4ポーズあります。まずは、すべてのカテゴリーの基本となる、これらの規定ポーズがどんなものなのかを見ていきましょう。

この規定ポーズが上手くとれるかで順位に大きな影響が出ます。ただ筋肉が大きいだけでなく、より良く美しく筋肉を見せて審査員にアピールできるかがポイントになってきます。

男子規定7ポーズ
Posing#01

フロント・ダブルバイセプス

Front double biceps

バイセプスとは力こぶの上腕二頭筋（腕の筋肉）のことです。正面からの左右の上腕二頭筋を見せることと、身体の全面をアピールできます。逆三角形の形＝Vシェイプを強調でき、腹筋を含めた全身のバランスの良さを見せるポーズです。

男子規定7ポーズ
Posing#02

フロント・ラットスプレット
Front lat spread

ラットとは背中の筋肉のこと、スプレットとは広げることを意味します。脇の下から張り出す背中の筋肉の広がりを前面からアピールするポーズです。

男子規定7ポーズ
Posing#03

サイドチェスト
Side chest

ポイントになる部位は胸。横向きで胸の厚みや腕の太さ、背、脚、身体の厚み、肩の大きさを見せるポーズです。

男子規定7ポーズ
Posing#04

バック・ダブルバイセプス
Back double biceps

フロントダブルバイセプスの後ろ向きポーズ。腕の筋肉だけでなく背中の筋肉や尻、脚をアピールするポーズ。

男子規定7ポーズ
Posing#05

バック・ラットスプレット
Back lat spread

フロントラットスプレットを後ろから見せるポーズ。背中の広さを強調するポーズ。大きく背中を広げることが重要です。

男子規定7ポーズ
Posing#06

サイドトライセプス

Side triceps

トライセプスとは上腕三頭筋のことで、横から見た上腕三頭筋を含めた腕の太さや上腕三頭筋のカットを強調して見せます。脚の太さなどもポイントですが、全身の凹凸がはっきり見えるポーズになります。外腹斜筋（お腹の横）のキレもアピールできます。

男子規定7ポーズ
Posing#07

アブドミナル・アンド・サイ

Back lat spread

アブドミナルは腹筋、サイは太腿を意味します。脂肪が絞られて割れている腹筋か、脂肪が絞られながら厚みのある脚であるかが重要なチェックポイントになります。

女子規定4ポーズ
Posing#01

フロント・ダブルバイセプス

Front doublebiceps

見せるポイントは男子のダブルバイセプスと同じですが、女子はそこに美しさも要求されます。指先の使い方でエレガントさを表現します。

女子規定4ポーズ
Posing#02

サイドチェスト

Side chest

胸の筋肉を強調することはもちろんですが、女子では横から見たポーズで背中からヒップにかけてのＳ字ラインをアピールできるポーズです。

女子規定4ポーズ
Posing#03

バック・ダブルバイセプス
Back double biceps

後ろから見た上腕二頭筋の形や背中のカットをアピールするポーズです。くびれも強調されるので、美しい逆三角形が作られているかも大切なポイントです。

女子規定4ポーズ
Posing#04

サイドトライセプス
Side triceps

上腕三頭筋の女性らしいしなやかな美しさがあるかどうかが重要なポイントです。前に流す脚のカットがキレイに出ると全体の美しさが引き立つポーズになります。

以上が、男子ボディビル、女子フィジークの規定ポーズです。いかがですか？各々のポーズに強調する部位があり、そこをしっかりと見せることで選手たちは高評価を得ることができます。

ちなみに、ほかのカテゴリーで規定ポーズがあるのは、男子のクラシックフィジーク、女子はミス21健康美です。

男子のクラシックフィジークでは、ボディビルの規定7ポーズのうちから、フロント・ダブルバイセプス、サイドチェスト、バック・ダブルバイセプスの3つに加えて、**バキュームポーズ**※というポーズで、ピックアップラウンドを行います。

バキュームポーズは、腹筋を肋骨の中に引き込み、ウエストの細さを強調して、広背筋の広さを際立たせるポーズです。ドローイン、という言葉なら、皆さんも聞いたことがあると思います。それをもっと際立たせ、お腹をボコッと凹ませながら広背筋をしっかりと出すことで、逆三角形の体形を際強調して見せるポーズです。筋肉を〝出す〟ことはうまくても、凹ませることを得意とする選手は少ないかもしれません。しかし、腹筋を引き込んで凹ませるにも筋肉が必要です。これもトレーニングの賜物なのです。

そして続くラウンドでは、ピックアップラウンドで行った４つの規定ポーズ

バキュームポーズ
お腹を凹ませるには、呼吸をうまく使えないとできません。また、凹ませると姿勢を真っすぐ作るのも難しいので、結構大変なポーズなんですよ。

に加えて、サイドトライセプス、アブドミナル・アンド・サイに、クラシックポーズで審査されます。

クラシックポーズというのは、規定ポーズ以外のポージングのこと。自分の特徴的な筋肉をしっかり見せられるポージングを選びます。ただし、モストマスキュラーポーズ以外、と定められています。

ちなみに、モストマスキュラーポーズは最も発達した筋肉という意味のポーズです。上半身の筋肉を強調するボディビルの代表的なポーズですね。規定ポーズではありませんから、主にフリーポーズのときやポーズダウンで、肩回りの僧帽筋や三角筋、腕の太さを強調できるポーズです。胸の筋肉(大胸筋)をアピールするために行う選手もいます。

ミス21健康美は、フィジークの規定ポーズのうち、フロント・ダブルバイセプス、サイドチェスト、バック・ダブルバイセプスの３つを使って審査します。

そのほかには、選手にちなんだ名前がつけられたポーズもありま

す。両手を高く上げ手首を内側にひねり、手の平を外側に向け、腕の太さや逆三角形を強調するのは『オリバーポーズ』と呼ばれています。かつてボディビル大会の最高峰である、ミスターオリンピアで活躍した故**セルジオ・オリバー**※が得意としたポーズです。

このように、規定ポーズでは明確に見せる部位と、自分のアピールポイントを決められた型でいかに表現できるか。そこが大きなポイントになります。

見ている側の観戦ポイントは、自分が好きなポーズを見つけることです。「このポーズカッコいい!」とか、「このポーズで強調される筋肉、好き!」という感じですね。規定ポーズで全員が同じポーズをするからこそ、選手**それぞれの違い**※が見えてきます。だから、いいなと思うポーズと同時に、きっとお気に入りの選手も見えてくると思います! 好きなポーズ、好きな選手が決まったら、あとは全力で『かけ声』をかけてくださいね!

セルジオ・オリバー
1960年代に活躍した選手ですが、その肉体は現代でも通用すると言われています。シュワルツェネッガーに敗れて引退しました。71歳で亡くなられましたが、今なお語り継がれる伝説のボディビルダーです。

それぞれの違い
フリーポーズは選手の特徴が表れますが、規定ポーズも、全員が同じポーズを取るからこそ違いが際立ちますね。規定ポーズを見ると、自分が好きなボディビルダーが見つかりやすいかもしれませんね。

審査員はどこを見る？

種目によって見る場所が違う

ボディビルは採点競技ですから、選手をジャッジする審査員がいます。それぞれの大会で、連盟公認の7人の審査員が評価します。

審査員は、観覧席の前列に横並びで座っています。審査員は、多くが選手として活躍されていた方々です。ですから、このポーズで何を見れば良いかをしっかりと理解しておられます。評価される側の感覚や気持ちを知っているから、評価する側に立ったときに公正に審査することができるのです。さらに、選手がいかに努力をしてきたのか、準備をしてきたのかを見極めることができます。

一見、しっかりとできあがっているように見えた身体でも、どこかバランスが悪かったり、※**ある部位だけのキレが悪かった**りしていることがあります。それは経験者だからこそ、良く分かったり感じたりできるのです。

ある部位だけのキレが悪かった
想像がつかないかもしれませんが、身体の一部分だけがキレていない、ということもありえます。ぱっと見は分かりませんが、経験者だと見えてくるんですね。

また、カテゴリーによって審査される場所は違います。男子ボディビルや女子フィジークは、まさにその名のとおりボディビル、筋肉のすべて大きさ、キレ、バランスを評価します。純粋な肉体の素晴らしさですね。

男子ボディビルよりも、少しライトながら、全身の筋肉量もバランスも重視されるのが、クラシックフィジーク。筋骨隆々よりも、逆三角形でカッコいいバランスの取れた身体であることが重視されるのが、男子のフィジークです。

女子はもっとカテゴリーが増えますから、審査の基準も増えます。筋肉の強さや大きさが評価されるフィジーク、スポーツとしての適切な食事やトレーニングの結果、身体の各部の脂肪が少なく、全体的に引き締まって見栄えすることが評価されるボディフィットネス。フィットネスビキニは、健康的な身体はもちろんのこと、女性らしい丸みを帯びた美しさが審査されます。そして、ミス21健康美に関しては、そのカテゴリー名のとおり、スポーツやトレーニングによってシェイプアップされた女性らしさを持った健康美が評価されます。スポーツ選手としての体形と美を組み合わせた美しさに主眼が置かれます。

ここでひとつ、私がぜひとも皆さんにお伝えしたいことがあります。それは、観客の**皆さんも審査員のひとり**※である、ということです。

審査員が決める選手の順位は、あくまで大会の評価です。皆さんという審査

皆さんも審査員のひとり
正確に審査する、など考えなくて良いんです。"私が"好きかどうかで評価しましょう。ボディビルダーは評価されることが仕事のようなものです。皆さんに評価され、それが良いものであればあるほど本当にうれしいんです。

員は、自分なりの審査基準で評価をしてほしいのです。

ボディビルは採点競技ですが、「私はこの選手が好き！」とか「この選手の身体が良い！」などと思うこともあるでしょう。皆さんが「この人の筋肉がいちばん素晴らしい！」と思っても、大会では順位が低い、という場合もあります。大会の結果は結果で大切ですが、それでもボディビルを観戦してく

だされる皆さんが楽しんでいただけることが大切ですから、自分が美しいと思った身体、素晴らしいと思った選手が皆さんにとっての優勝者で良いと思います!

なので、ぜひ皆さんには審査員になって、自分なりのボディビルの楽しさ、面白さを追求していただきたいと思っています。

当然、大会としては順位付けは必要です。そうしなければ、ただの発表会になってしまいます。順位がなければ、切磋琢磨も起きないでしょう。順位付けがあるから、優勝した選手のようになりたいという憧れや、自分ももっと良い身体を作りたいという、トレーニングへの**モチベーション**※を持てたりします。だからボディビルという大会にとっては、もちろん審査員は無くてはならない存在です。

モチベーション

ボディビルダーのトレーニングはとても地味です。モチベーションがないと続けられないんです。そのモチベーションとなるのが大会だったり、そこで応援してくれる皆さんの存在なんですよ。

選手たちの第一関門『ピックアップ』

最初は順位を決めず、12人に絞り込む

どのカテゴリーも、最初にピックアップ審査が行われます。先に説明したとおり、多くの選手のなかから、※**12人を選ぶ**審査です。ここでは、まだ順位付けは行われません。

カテゴリーによって、ピックアップで審査する方法は異なります。男子ボディビルでは、規定の7ポーズのうち4つのポーズを使って審査されます。女子フィジークではクォーターターンに加え、規定4ポーズを使います。ボディフィットネスはクォーターターンだけでピックアップが行われます。男子のフィジークとフィットネスビキニは、MCから呼ばれて入場した際に1ポーズを取り、その後ステージ上の選手全員でクォーターターンを行います。クラシックフィジークでは、バキュームポーズに加えて規定の4ポーズを行います。

12人を選ぶ

参加者が何十人いようと、ピックアップされるのはたったの12人。そう、ほとんどの人は、そのポテンシャルを発揮する前にふるいにかけられてしまうんです。でも、ふるいにかけられたとしても、その人が頑張ってきたことはムダではないんですよ！　その努力に誇りを持ってくださいね。

大会によって、参加選手が12人に満たないときにはこのピックアップ審査がないこともあります。

ステージ袖では、誘導係の指示に従い選手が出番を待ちます。そして、MCのコールがあり、ひとりずつ紹介されステージに並びます。

この入場の瞬間から闘いが始まります。選手たちは、この日のためにトレーニングをし、調整をしてきました。どんな結果になろうとも、最高の自分を演出するために、一生懸命、精いっぱいステージングをします。

そして、このステージで比較審査をされるのは、予選に進める12人のボーダーラインにいる選手たちです。

従って、比較審査に呼ばれない選手

ピックアップでステージに並んでいる様子

は、問題なく先に進める突出した肉体を持っている選手、もしくは逆のパターンのどちらかです。もちろん、それは選手には伝わりませんし、公表もされません。ですから、**ステージング**※を行う選手たちの笑顔の裏には、不安と期待が入り交じった複雑な心境が隠されているのです。今、自分はどの辺にいるのか。比較審査に呼ばれたから大丈夫なのか、呼ばれないからピックアップ突破は間違いないのか、それとも予選に進めない危機的状況なのか……。爽やかな笑顔の裏に、そんなメンタル面の闘いが行われているのです。

他にも**見えない戦い**※は続いています。調整不足により身体の水分量が少なすぎ、笑顔を作ったら唇が割れてしまったとか、歯に唇がくっついて口が閉じられなかったりすることもあります。緊張のあまりMCの声が耳に入らず、入場が遅れたりコールに反応できなかったりする選手もいます。

いつも練習しているように、いつもどおりのポージングをすればピックアップ審査を通過できる仕上がりなのに、緊張して意識すべきところに集中できず、ポージングで何だかふだんと違うことをしてしまう……。目に見えない敵と戦っている感じです。一度焦ってミスをしてしまうと、そのまま残りのポージングもうまくいかないことが多いですね。隣のライバルに気を取られてしまって、自分のポージングができない、というケースもあります。

ステージング

ステージ上で行うパフォーマンスのこと。規定ポーズだろうが、フリーポーズだろうが、それを行う選手にとっては全身全霊で自分をアピールするステージングなんですよ。

見えない戦い

ぱっと見では分からない、ステージ上のトラブルって結構あるんです。唇が割れていても笑顔を作らないといけませんし、感動で泣きそうになっても笑顔でいなければなりません。そんなのも、ボディビル大会のドラマのひとつです。

声援を送ってくれる仲間の声に感動して涙が出そうになることもあります。

時には、ポージング中に脚が攣ってしまうというアクシデントもありますが、痛みに顔をゆがめてしまっては印象が悪いですから、何事もないように選手は笑顔を見せ続けます。

このように、ステージングの時間、審査の時間にはいろいろなドラマが選手の中で起きているのです。

順位が決まる予選

『コール』を待つ選手たち

ピックアップ審査を通過した12人の選手たちは、予選に進出です。ここで12人の選抜が行われます。

たとえば男子ボディビルでは、予選でクォーターターンと規定ポーズによる審査が行われます。決勝は規定ポーズは、全員が並んで一斉に60秒などのフリーポーズを行います。もちろんフリーポーズも大切ですが、この予選での順位付けが非常に大切な審査になるのです。ほかのカテゴリーでも、同じように基本的にはここで規定ポーズやクォーターターン、**Tターン**※などで評価され、順位付けされていきます。

なぜここで順位付けされるのか。それは、ほかの要素が入る余地のない基本的なポージングやウォーキングこそが、筋肉の美しさを客観的に評価できるか

Tターン

ステージ袖から登場し、ステージ中央で観客席に向かって前に出てポージング。そしてまた後ろに戻って、ステージ横に戻っていく。その歩く足跡がTの字になっているので、Tターンと呼ばれています。

らです。

　フリーポーズなどの自由度が高いポージングでは、表現力が豊かな選手のほうがインパクトを残せます。筋肉の大きさや造形の深さだけではなく、観客を楽しませてくれるような**エンタテインメント性**※というのは、どのスポーツにおいても大事なことだと思います。それは、ボディビルでも同じです。せっかく筋肉美という芸術を鑑賞に来てくださっている方々を心をこめて最大限のおもてなしをする。私たち選手が大切にしなければならないことです。

　ですが、それが先走ってしまっては、ボディビルの本質を見失ってしまいます。本当に見せたいのは、決してパフォーマンスではなく、筋肉です。日々、苦しくも辛い努力を積み重ねた先にできあがる、最高の美。どんな宝石よりも輝きを放つ肉体美という、人間が遠い昔から追求してきた根源的な美しさを踏まえたうえで、個性溢れる表現を皆さんに楽しんでもらいながら見ていただく。それがフリーポーズです。

　私は、先に『ボディビルに順位付けは必要ないのではないか』と言いました。みんな違って、みんな良いのですから。ただ、やはりボディビルが〝**競技**※〟である以上は、きちっと評価をしなければ成り立ちません。

　ですから、『今、美しいとされている肉体はこれなんだ』ということを分かっ

エンタテインメント性
ただポージングをしているのがボディビルなのではなく、観客の皆さんにも楽しんでもらえるような取り組み（そのひとつがフリーポーズ）も行っています。

競技
芸術でありながら、競技でもある。その二面性もボディビルの楽しみでもあり、魅力でもあるんです。

たうえで、観客である皆さんが自分の好きな肉体美を追求して、自分なりのボディビルという競技の観戦方法を見つけていただけたらうれしい限りです。

さて、少し話が脱線しましたが、予選ではウォークや規定ポーズと合わせて行われる審査があります。それが比較審査です。

これはピックアップのときにもありましたね。「○番と○番、そして○番、前に」とMCからコールを受け、その選手たちが並び、比較される審査です。ピックアップ審査では、当落線上の選手がコールされることが多かったのですが、予選ではトップを決めるために呼ばれることが多いのです。

それと同時に、下位の順位付けもされていきます。簡単に言えば、上位3人を比較して1位、2位、3位を決めたなら、その3位の選手を基準にほかの選手を呼び、4位、5位を決めていく。また5位を基準にしてコールして、6、7、8位とどんどん順位を決めていくんですね。

もちろん逆もあります。1、2、3位が甲乙付けがたい場合は、まず下位から決めていって、最後に上位の選手たちを比較する。

どちらにせよ、コールされない、もしくは1~2回程度しかコールされないということは、あっという間に審査が終わってしまったことを意味します。

ですから、予選では選手たちはMCからの『コール』を心待ちにしているのです。自分がコールされる瞬間を、今か今かと待ちわびているのです。

もちろん、コールされない選手たちも、自分をアピールすることは忘れません。ポーズを取ったり、コールされたときにサッと良い筋肉を見せられるようにリラックスさせていたり。比較審査されている選手たちを見たり応援したりするのも良いのですが、裏側で繰り広げられているちょっとした戦い、なんていうのも、実は予選の見どころでもあるのです。

予選は、まさにボディビルの醍醐味が詰まった時間です。上位12人の肉体を心ゆくまで堪能してくださいね。

決勝戦『ファイナル』は選りすぐりの肉体が勢揃い

選手の個性が出せるフリーポーズは必見だ

予選で順位付けが行われたら、次は決勝戦です。男子のボディビル、女子のフィジークを例に取れば、決勝で行われるのはステージに選手1人で1分30秒以内のフリーポーズです。

フリーポーズの時間は、規定ポーズやクォーターターンといったように、決められたポーズだけでなく、その名のとおり、完全に自由です。肉体美を表現するボディビル競技において、最も個性、**芸術性**※をアピールできるときです。

フリーポーズでは、選手が自由に選曲した音楽に合わせて規定ポーズにとらわれることなく自由に自分の肉体美を表現することができます。著作権の関係上、編集はNGですが、どんな**楽曲**※を使っても構いません。ロック、ポップス、洋楽邦楽……自分の個性を最も引き出せる音楽を選び、それに来て最大限自分

芸術性

フリーポーズは、まさにその選手のイマジネーションが爆発した世界です。ボディビルダーは身体を地味に鍛え続けるだけではなく、芸術性も磨くトレーニングも行っています。

をアピールするのです。

演歌を使用する方もいらっしゃいます。和が強調されてとても格好良かったですよ。体操競技経験者なのか、フリーポーズのときにバク転をした選手も見たことがあります。とある芸人さんが出場したときは、ネタで使用する楽曲に合わせた表現をしていました。

楽曲

自分が好きな音楽を聴くと、テンションが上がりますよね。ボディビルダーも一緒で、それに合わせて自分の筋肉をアピールできるなんて、本当に幸せな時間です。だから、私はフリーポーズの時間が大好きです。

私はこのフリーポーズの時間が大好きです。自分が演じるのも好きですし、ほかの選手たちの演技を見るのもとても楽しいです。多くの選手は、自分を自由に表現できるフリーポーズの時間が大好きのようです。なかには引っ込み思案な選手もいて、逆にフリーポーズの時間が辛い、という向きもあるのですが。

自分でフリーポーズの構成を考えられない、という場合は、もちろんトレーナーや振付師に演出を依頼する選手もいます。

このフリーポーズには、特別な賞もあります。男子のボディビル、女子フィジークではベストアーティスティック賞、というものが設けられています。この賞を受賞する選手は、競技としての優勝者とは別の場合もあります。それだけ、フリーポーズのレベルが高かった、ということですね。

昨年の女子フィジークでは、優勝されたのは〝高原佐知子選手〟ベストアーティスティック賞を受賞したのは、ケルティック・ウーマンのYOU RAISE ME UPに合わせてしなやかな肉体美を披露した〝村山彩乃選手〟でした。この曲は、フィギュアスケートの荒川静香さんが金メダルを獲得したときに使用していた楽曲でもあります。村山選手は全体では5位でしたが、フリーポーズでは誰よりも女性の美しさと肉体美を融合させたと評価されたわけです。

男子ボディビルでは、優勝した〝横川尚隆選手〟がベストアーティスティック賞も受賞しました。横川選手は、その名のとおり全体の筋肉が素晴らしく大きく強いと評価された選手に贈られるモストマスキュラー賞も合わせて獲ったので、まさに完全優勝でした。

また、カテゴリーによってもこのフリーポーズの規定が少しずつ異なります。メンズフィットネス・ミスフィットネスでは90秒間のフリーパフォーマンスの時間があります。ですが、たとえば終始ダンスだけをやっていると**減点の対象**※になってしまいます。ダンスなどのパフォーマンスに加えて、きちんと筋肉を見せる時間も作りなさい、ということです。ミス21健康美でいえば、フリーパフォーマンスの時間は45秒以内です。ボディフィットネス、フィットネスビキニ、男子のフィジークでは、フリーポーズ自体がなく、ターンやウォークによって決勝も審査されます。

このように、決勝のフリーポーズでは選手の個性が、良くも悪くも存分に発揮されます。なので、エンターテインメントとしては大会のなかで、最も見応えのある時間かもしれません。選び抜かれた肉体を持つ12人の選手のバックボーンや素の部分が見られるフリーポーズの時間を楽しんでくださいね!

減点の対象

あまり同じものばかり行っていると、フリーポーズではない、という評価になる、ということですね。難しいところですが、そういう演出を考えるのも、ボディビルダーにとっては楽しい時間でもあるんです。

いよいよ順位発表『ポーズダウン』

カウントダウン方式のポーズダウンは最高潮に盛り上がる！

ピックアップに始まり、予選、決勝、大会の最後を締めくくるのは『**ポーズダウン**[※]』です！　ポーズダウンとは、いわゆる表彰式です。12人（もしくは6人）の選ばれたマッチョたちがステージ上で一堂に会し、番号と名前が呼ばれていくのです。

すべてを出し切った選手たちの顔は、きっと晴れやかでしょう。足が攣りながらも笑顔を崩さなかった選手、緊張して思うようなポージングができなかった選手。反対に気持ち良く出し切れた選手、周りの選手に圧倒されながらも自分ができることはできた選手。12人の選手たちはもちろんのこと、ピックアップで残念ながら脱落してしまった選手たちも、全員が明暗、喜怒哀楽の濃縮された瞬間を迎えます。

ポーズダウン

ボディビルダーにとって待ち望んだ時間でもあります。観客の皆さんにとっても、きっとスリリングな時間になると思います。ぜひステージ上の選手が少なくなっていくドキドキ感を味わってみてくださいね。

ボディビルの表彰式は、一風変わっています。普通のスポーツであれば、だいたいは表彰台に上がる3人の選手だけで行われたり、もしくは入賞である8位の選手まで出るくらい。ですが、ボディビルの大会では、決勝を戦った選手全員が表彰式に臨みますし、何より**カウントダウン方式**※で表彰されていくのです。もちろん、選手たちも順位は知らされていません。

男子ボディビルを例に挙げれば、まずは12人の選手が横一列に並びます。この12人の選手たちは、思い思いのポーズを取ります。自分の肉体が最も美しく見えるポーズです。もしくは、応援してくれた観客や仲間に手を振ったり、ポージングで応えたりしています。そうしていくなかで、12位の選手から番号と名前がコールされていきます。名前をコールされた選手は手を挙げ、観客に最後の礼をしたら、後ろに下がります。

名前を呼ばれた選手が前に出て表彰を受けるのではなく、コールされた選手が後ろに下がっていき、上位の選手が残る。だから『ポーズダウン』なのです。11、10位と徐々に順位が上がり、そして最後には2位の選手と1位の選手のふたりだけが残ります。もう、この一騎打ちのポーズダウンのときには、観客も選手も、そしてMCもボルテージは上がりっぱなしです。

そしてコールされる、2位の選手の名前。その瞬間、優勝者が決定します。

カウントダウン方式

数が少なくなっていく方式です。ステージ上に12人いるボディビルの大会だからこそ、このカウントダウン方式の表彰式が面白くなるんです。

この大会で最も素晴らしい肉体美を持った選手が決まったわけです。2位の選手を称える拍手はもちろんのこと、それと同時に優勝した選手への称賛の拍手に歓声までが相まって、会場の盛り上がりは最高潮に達するのです！

ただ、順位付けはされたとしても、やはりどの肉体も素晴らしいものです。特に**最高峰**※の大会であれば、ピックアップ審査を通過した選手たちの肉体は、日本のトップ12の肉体ということです。それが世界大会になれば、世界でトップ12ということ。ですから、予選、決勝を戦った12人の選手たちの肉体は、どれも生きた芸術です。

この12人を称える表彰式として、ポーズダウンは素晴らしいシステムだと思います。単に優勝した選手だけを称えるのでは

最高峰

最高峰の肉体は、目を疑うような美しさを放っています。映像で見ても素晴らしさは分かりますが、その圧倒的な肉体美を体感するには生で観戦してください。

なく、12人全員を称える。ひとり一人、全員にポージングをする機会がある。これは、ボディビル大会が選手全員に敬意を表していることにほかなりません。

私はポーズダウンの瞬間が大好きです。自分がいつコールされるのかドキドキしながらポージングを繰り返す。先にコールされた選手たちと握手をするときも、本当にみんながすがすがしいやりきった表情をしています。

皆さんも、このポーズダウンの時間を楽しんで、12人の選手たち全員に惜しみない歓声と拍手を。その栄誉があれば、選手たちはまたトレーニングを頑張れるのですから。

表彰式・閉会式のあとに

選手の素が垣間見える表彰式

ポーズダウンが終わったら、そのまま表彰式が始まります。表彰式ではメダルや表彰状はもちろん、大会をスポンサードしてくださっている企業の皆さんからの副賞を受け取ります。その副賞は、だいたいが**プロテイン**※だったりトレーニング器具だったり、今後のボディビル活動にとても役立つものばかり。選手としてはとてもうれしい瞬間です。大会によっては、抱えきれないほどの副賞をいただくこともあります。本当に感謝ですね。

そして、表彰式では感極まって涙を流す選手もいますし、笑顔で観客からの声援に応えている選手もいます。この入賞を喜ぶのは本人だけではなく、選手に関わったトレーニング仲間やトレーナー、友達、家族の方々です。

選手をサポートしている方々は、選手がどれだけ頑張ったかを知っています。

プロテイン

プロテインは、ボディビルダーの三種の神器のひとつと言っても過言ではありません。今は昔に比べて、本当に美味しいプロテインが増えてきました。

苦しいときでも投げ出さず、自分にできる努力を惜しまなかったことを分かっています。反対に、選手は自分がどれだけ周囲に助けられたか知っています。だから、選手は応援してくださった皆さんに感謝の気持ちを順位という結果で伝えたいと思っています。だから表彰は、選手も観客も、仲間もサポーターも、全員で勝ち取ったのと同じことなのです。

また、プレッシャーに包まれた1日を終えて、選手たちは解放感に満ちあふれています。朝から緊張感がいっぱいで、最後の最後までストイックに自分を追い込んだ選手にとって、表彰式は心も身体も解放される唯一のゴールでもあります。選手同士で同じポーズを取ってみたり、お互いの健闘を称えて握手を

していたり。**子どもをだっこ**※して表彰台に上がる選手もいます。そういう選手のリラックスした姿を見られるのも、表彰式の良いところです。

選手たちは、大会に出場する以上は自分の立ち振る舞いすべてが評価されることを分かっています。ですから、ステージに上がったら一時も気を抜くことはありません。ポージングはもちろんのこと、後ろで待機しているときも、コールされていないときも、指先まで神経を使って美しく見せようと努力していま

子どもをだっこ

ポーズダウンで子どもをだっこするボディビルダーは結構多いです。応援してくれた家族への感謝の気持ちを込めてですね。その父や母の姿を見て、ボディビルに興味を持ってくれたらうれしいですね。

す。筋肉を美しく、バランス良く格好良くポージングするために顔も作るのです。何があっても笑顔です。

ですが、表彰式の瞬間は選手の素が出てきます。大会中には見られなかった、表情です。大人っぽく、とてもカッコいい雰囲気だった選手が、表彰式で喜ぶ姿はまるで子どものようだったり、笑顔が素敵だった選手が負けて唇を噛んでいたり。選手の知らない一面を見た瞬間は皆、同じ人、人間だったんだなと思われるでしょう。

選手は自分が仲間や家族、ファンの方々にどれだけ支えられたかを知っています。それに、応援をしてくれる人がいる、ということは本当に心からの喜びです。

ですから、表彰式でもし選手にコミュニケートできる時間があるのならば、ぜひ声をかけてあげてください！　その瞬間が、とってもうれしいのです！

ポーズを見ればトレーニングが分かる

鍛えるだけでは美しくならない

筋肉をただ大きくしただけでは、ボディビルの大会で優勝することはできません。なぜなら、それをどれだけ**美しく見せる**※ことができるかどうかが欠けているからです。

そうです、ボディビル大会で選手たちが行うポージングというのは、鍛えた筋肉を美しく見せるための型なのです。

そして、美しく見せられるようになるには、筋肉トレーニングと同様にポーズ練習を積み重ねていかなければならないのです。そのためには、ただ何となくの真似をしてポーズを取るだけではなく、ポーズの意味を知ることが大切です。

ポージングスキルが高ければ、筋肉のコントロールが容易にできる、トレー

※美しく見せる
ただ鍛えるだけでは、ボディビル大会の上位は望めません。ポージングの練習は、プロテイン同様、ボディビルダーにとって欠かせない要素です。

ニングの質も上がるわけです。どちらが欠けてもいけません。

たとえばフロント・ダブルバイセプス。身体全体のバランスはもちろんですが、特に上腕二頭筋（力こぶ）や逆三角形の体形を見せることができます。その逆のバック・ダブルバイセプスは、腕はもちろんのこと、広背筋や脚をしっかりとアピールできる**ポージング**※です。

では、フロント・ダブルバイセプスというポージングを美しく見せるためには、どうすれば良いのか。上腕二頭筋や広背筋を鍛えることで、逆三角形のキレイな体形を作ることができます。バック・ダブルバイセプスも然りですよね。そして、各部位をしっかりと意識し、鍛え、力を入れて見せられるようにポーズを取らなければ、フロント・ダブルバイセプス、バック・ダブルバイセプスは美しくなりません。つまり、ただ単に上腕二頭筋や広背筋だけを鍛えても、美しいポージングを作ることはできないのです。

自分が鍛えるのを得意な部位や、自分の身体でいちばん美しい部位を見つけたら、そこを全面に押し出すことも大切です。この筋肉を最も美しく見せられるポーズを研究し、自分自身の長所を生かしてポーズを磨いていきます。

ボディビルに規定ポーズはありますが、それをただ真似るだけでは、美しいポージングとはいえません。たとえばスマートフォンの機能のすべてを使いこ

ポージング
ただポーズを取ることをポージングとは言いません。そのポーズで見せたい筋肉はどこかを理解し、そこに力を入れて筋肉を見せることができるようにならなければ、ポージングとは言えません。

98
93
95

なすのと同じように、身体の筋肉すべてを使いこなせるようになることが、ボディビルダーの目指す地平なのかもしれません。

また、ほかにもボディビルダー筋肉のために行っていることがあります。**『肌ケア』**※です。肉体の美しさを見せるボディビルダーの肌がカサカサだったら美しいとは思えませんよね。肌つやは審査対象にも入っていますから、ボディビルダーは美容方面にも明るい選手が多いのです。

入浴にも気をつけています。お風呂に入るとマッサージ効果もありますので、肌ケアに効果がある入浴剤を試すこともあります。気持ちをリラックスさせつつ、肌にも良いアロマに詳しい選手もいます。美を追求する手は休められません。

ボディビルダーは身体のケア、肌のケア、さらに栄養学など、毎日、やらないといけないこと、知らないといけないことを勉強し、研究し続けているのです。筋肉を鍛えたからボディビルダーになれるわけではありません。

肌ケア
ボディビルダーの写真を見たときに、肌がかさかさだな、と思ったことはないですよね。そう、本当にボディビルダーは女優のように肌には細心の注意を払ってケアしているんです。

審査とは個人の成長の確認

過去の自分との闘いに勝つことも大切

ボディビル大会は、他人との戦いでもありますが、**過去の自分**※との闘いでもあります。たとえばですが、自分の肉体が前回の大会よりも仕上がりが悪ければ、審査員の印象は悪くなります。審査員の頭には、その選手が過去にどんな順位だったのかも入っています。ですから、昨年よりも状態が悪ければ、それが順位にも影響が出ることもあります。

選手は、どうしても他者と比較したくなります。ライバルと比較したくなります。それも大切ですが、ステージに立つ以上は、選手としては前回立臨んだステージよりも成長したいという思いでトレーニングをしてきたはずだと思います。

前回の大会後もトレーニングにしっかりと取り組んできたのか、大会の反省

過去の自分
過去の自分よりも劣っている肉体になるということは、過去よりも努力を怠ったという証拠にほかなりません。ですから、常に進化し続けるボディビルダーの皆さんのことを、私は本当に尊敬します。

点を生かすことができたのか。ひとつでも、自分が成長したと胸を張って言える結果を出せたのか。そういう自問自答を繰り返すことで、選手たちは強く、大きく、美しくなっていきます。

私がいちばん思うことは、**順位**※ばかりにこだわらずにいたいということです。

ボディビル大会も競技ですから勝敗があります。ただ、結果がすべてなのではなく、去年の自分よりも少しでも成長ができていたかも大切だと思います。

ボディビル大会は、自分が取り組んできたことの発表の場でもあります。自分の成長、自分のやってきたことの良否を評価、審査してもらう。ほかの選手と比較の競技ですが、それ以上に過去の自分との闘いに勝つことも重要なのではないかと思うのです。

筋肉は、そう簡単に大きくなりません。ですから、その選手が身体を仕上げるために血のにじむような努力をしてきたことを、ボディビルダー同士は知っています。だから、競技を続けるだけでもすごいことなんです。

皆違って、皆良い。ありきたりな言葉ですが、ボディビルダーはナンバーワンもあるけれどオンリーワンでもあるのです。

順位

ボディビルダーにとっての順位とは何なのでしょうか。私はいつも考えます。競技として、切磋琢磨するには順位は必要ですが、それだけではない魅力が、ボディビルという競技にはある気がしてなりません。

クリーンだから肉体は美しい

ボディビルダーたちのアンチドーピングへの取り組み

ボディビルもスポーツですから、ドーピング検査が行われています。

「○○さん、よろしいでしょうか？　ＪＡＤＡ※の□□です。ドーピングチェックの対象になりましたのでよろしくお願いします」。そうやって、突然その声が選手にかけられます。

ＪＢＢＦはアンチドーピング活動の加盟団体で、登録選手及び関係者全員がドーピング検査の対象になります。私も何度か検査を受けたことがあります。

各大会、カテゴリーごとに1〜2人程度、対象者が選ばれます。有力選手だからとか、明らかに筋量が多いからという理由ではなく、無作為が基本です。

それに加えて、大会の優勝者が検査対象となります。

ドーピング検査は、結構時間がかかります。検査対象に指名されたら、ドー

ＪＡＤＡ
日本アンチ・ドーピング機構のことです。クリーンで公正なスポーツを守ることが、アンチ・ドーピングの意義です。

ピング検査室に行き、そこで尿が出るまで待機します。検査室にある飲み物は自由に飲んでも構いません。ちなみに、検査対象であることが告知されて、書類にサインしたら、その時点で自由な飲食はできません。そこに何か入っているかもしれないわけですから。なので、書類にサインをしたら、検査員の管理下でしか飲み食いしてはいけないのです。

さて、ここでは**ドーピング検査**※では何をするのか、どんな流れなのかもお伝えしましょう。まず、検査はドーピング検査員の指示に従い行われます。競技者から検体を採取し、その検体を封印し、分析機関へ搬送するのが、検査員の役割です。

先ほど書いたように検査通告があり、対象者が本人確認の上、検査に関する説明を受け「通告書」にサインをします。

そして採尿なのですが、ここで不正がないようにカップは3つ以上あるものから1つを自分で選び、採尿カップやキャップに破損や汚れがないかをチェックし、同性のドーピング検査員立ち会いのもとで採尿をします。

採尿はいくら同性でも恥ずかしいものがありますが、クリーンに競技に参加していることを証明するには致し方ないことです。

そしてこの採尿ですが、大会のために水分の摂取も調整してきているので、

ドーピング検査
禁止薬物を使用していないかを調べる検査です。尿検査が基本ですが、今では血液を調べる方法もあるようですね。

すぐに尿が出るわけでもなく、尿意をもよおすまでドーピング検査員が、ボディガードのようにそばで行動を監視しています。

尿検体は90㎖以上が必要で、それに満たなければ**再採取**※です。規定量を超えるまで、何回でも行います。

気恥ずかしい尿検体の採取がすんでも、これで終わりかとホッとしている暇はなく、検体の封印作業に入ります。この封印も対象者本人が検査容器の選択をして箱の番号やボトル、キャップ、バーコードシールなどを確認します。しっかりとキャップを締めますが、比重（濃さ）が基準に達していないと追加で検体採取があります。何か、科学実験でもしているかのようです。

ドーピング検査は、まだまだ続きます。ここからは書類作成です。検査の日からさかのぼって7日間に使用した薬やサプリメントを申告するのです。個人情報やサンプルキッド番号記載事項などに間違いがないかを確認し、公式記録書に署名をし、検査書類のコピーを受け取ります。これでやっとオールクリアです。

このドーピング検査を終えて会場を出たときには、もうステージも何もかもが片付けられて、誰もいなかったことがありました。その大会の私の成績は準優勝。誰もいない会場は、すごく寂しかった覚えがあります。

再採取

尿検体が足りないと、再度尿を取らなければなりません。前に採取した尿に、新しい尿を足すこともダメ。なので、一度で終わらせるために、慌てないことも大切です。

ですが、こういう苦労もすべて、必要なこと。自分自身がクリーンに大会に臨んでいることを証明できるわけですから、これも自分への勲章となります。私からすれば、どうぞ隅々まで調べてください、という思いです。

選手が不正なく大会に出場し、それぞれ公正な評価を得るためには、この**ドーピング**※検査は不可欠だと思います。だから選手たちはドーピング検査を受けることが義務だと思いますし、そうでなければなりません。

ドーピングがなぜダメなのか。選手の健康が害されるということはもちろん、ひとことで言えば、フェアに競い合うためです。大きく言えば、スポーツの価値を下げてしまう。そして、大切なのは、ドーピングはルール違反であり、タブーであるということです。スポーツでも何でも、決められたルールのなかで勝負をするから楽しく、面白く、そして感動するのです。ルールを守らない選手を、称えられますか？　ずるい選手が、正当な勝者といえますか？　古代ギリシャの人は、不正で作り上げた肉体を美としたのでしょうか？　クリーンであるから、選手は素晴らしく、美しいのです。

ドーピング

禁止薬物を使用することです。有名なのは、ステロイドですね。一時の肉体を作り上げることはできるかもしれませんが、人体に悪影響のあるものは使わずに、やはりクリーンな肉体を作りたいものです。

(病気や怪我の治療を目的として禁止物質や方法を使用する場合、事前に治療使用特例『TUE』の申請が必要)

第4章

オフのビルダーたち、観戦は一度で終わらない

Builders off, watching games never end

大会後に肉体が変わる選手たち

つかの間のオフを満喫したい！

ここからは、少しボディビルダーのプライベートをお話していきたいと思います。毎日ストイックに身体を鍛えているボディビルダーですが、繊細だったり傷つきやすかったり、甘党の人も多かったりします。ボディビルダーの休日やグルメ事情などを紹介していきます。

最初は、ボディビルダーのオフについてです。

大会がひとつ終わると、選手たちはつかの間の**オフ**※に入ります。スポーツ選手のオフなら、どこか旅行に行ったり、友達と会ったりする姿をイメージするところですね。もちろんボディビルダーもそういうことはしますが、いちばんの楽しみは、好きなもの、食べたいものが、食べられることです。

筋肉のことを考える選手たちは、日々の食事をかなり制限しています。そう

オフ
休憩期間のことを指します。毎日が節制と努力のボディビルダーにとって、オフは年に数回訪れるまさに『チートデー』です。

いう縛りを少しゆるめられます。これまでのご褒美として、自分の食べたかったものを、食べたいだけ、食べる。なんて幸せなことなんでしょうか！

ラーメンやお好み焼きなんていう、炭水化物の塊はこのオフにしか食べられません。お酒も普段は飲みません、好きな人は大会後の打ち上げで居酒屋に行くこともあります。身体が大きい選手が多いですから、やっぱり量もいきますよね。

それから、ボディビルダーには**甘党**※の選手も多いです。パンケーキ、お団子、ケーキなど。スイーツ好きのボディビルダーもたくさんいます。あんなにマッチョな男性ボディビルダーがスイーツを笑顔でほおばっている姿。想像すると、結構可愛いですよね。

また、唯一食べものを気にせず友達とランチに行ったり夕食に行ったりすることができるのも、このオフのタイミングです。ボディビルダーは、友達と食事するのも工夫が必要です。シーズン中は食べるものを制限していますから、ブッフェスタイルなど、自分で食べるものを選ぶことができるレストランなら大丈夫ですが、普通のレストランなどでは食べるものに困ります。たとえば、定食屋さんに行ったとしても、炭水化物が多いメニューは避け、ご飯を抜いてもらうことになったりします。まだそういうことができるお店ならいいですが、

甘党
普段から節制する生活が続いているせいなのか、甘いものが大好きな選手が多くいます。ボディビルダーの7割は甘党なんじゃないでしょうか。

そうもいかない場合もあります。せっかく友達との食事を楽しみたいのに、口にするものを気にしなければならないのは、残念です。どうせなら「これが美味しい！」とか、「このスイーツ食べてみよう！」とか、そういう話をしながら一緒に食事をしたいですよね。だから、オフのタイミングが唯一、友達との時間を楽しめるときなのです。

もちろん、次の大会に向けて気を抜かない人もいます。オフは、大会終了後の夜、もしくは翌日だけにして、そのあとからは普段どおりに食事を制限しながらトレーニングに励む選手もいます。**ストイック**※だと取られるかもしれませんが、筋肉を作ったり、鍛えたり、良い身体を維持することが楽しいという選手が多いのです。楽しいことは、続けたいですよね。周囲からは自虐的にも見えるかもしれませんが、本人はそれが楽しく普通になっているのです。

そして、オフを満喫しているボディビルダーは「あれ？　白くなった？」と気づかれるとちょっと恥ずかしいのです。

丁寧に**タンニング**※をしている選手でも、オフにはお休みさせているときもあります。そうすると、褐色の肌の色がさめます。適度に焼けていると、身体はとてもたくましく引き締まって見えます。でも、白いと少し緩んで見えるのです。だから、オフでタンニングをお休みしているときに「白いね」と言われる

ストイック

禁欲で厳格に身を持する、とあります。厳格であるというのは、まさにボディビルダーを指す言葉ですね。でも、自分が楽しむため、最高の肉体を作るために頑張る、というのがスタンスですから、ストイックを楽しめる人がボディビルダーですね。

と、必要以上に言い訳をしてしまうことも。

そして、「痩せた？」「太った？」も気になる言葉です。ボディビルダーだからといって必要以上に、みんなが大きくてよく食べるわけではありません。だから、オフになると肉が落ちてしまう人もいます。言葉を替えれば、身体がちょっとだけ貧相になっていく。そこに、痩せたね、と言われると、そのものズバリで、これまたちょっと傷ついてしまいます。

反対に、よく食べる人もいますから、体重が増えて身体が緩んでしまうこともあります。選手によっては、一度**増量**※してからトレーニングで絞っていくというやり方をします。そういう選手は、特にオフになると一気に身体が緩みます。緩んだことを選手自身も自覚しているからこそ、「太った？」という言葉は、選手にとってダメージなんですよね。

ボディビルダーも人の子です。ちょっとしたひと言で、傷つく繊細な心の持ち主もいます。ストイックな面もありますが、その裏側に可愛い顔も隠し持つ傷つきやすくて繊細で。だからトレーニングをして身体を鍛え、自分に自信を持とうとするのかもしれませんね。

タンニング

日焼けをしたほうが、身体は引き締まって見えます。ただ、日焼けをし過ぎると肌へのダメージも大きくなりますから、自分の肌と相談しながら、張りを保ちながら黒さを出すようにしています。

増量

体重を増やすこと。トレーニングの質を上げるためにも必要なことです。

ボディビルダーのライフサイクル

とあるビルダーの1日を紹介！

ボディビルダーの職業は、みんなスポーツトレーナー、というわけではありません。普通の企業に勤めながら、トレーニングをしている選手もいます。ボディビルダーが銀行の窓口業務についている、なんてこともあります。

仕事は人それぞれですが、ボディビルダーは選手として1日をどのように過ごしているのか。参考までに、私、大森恵美子の1日をご紹介しますね。

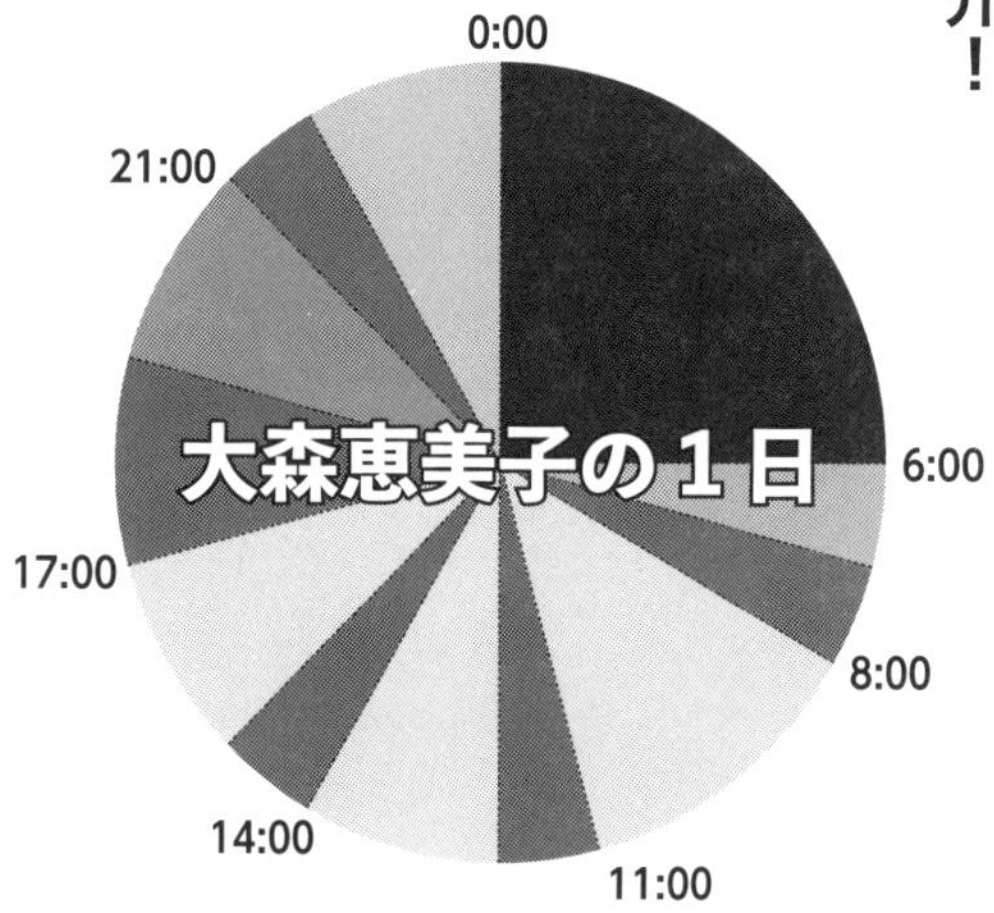

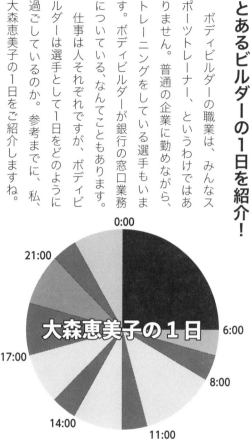

●6時：起床

朝、起きたらまず体重チェックですね。お腹のなかに余計なものがない状態で測るのが、自分の身体の状態を知るのには最適だと思います。

その後は皆さんと変わりなく、顔を洗って歯を磨いて。ここから1日がスタートします。

●7時：食事作り

朝食を作ると同時に、1日の**お弁当**※を作ります。夜に仕込みをしておき、詰めるだけが多いのですが、食事は、だいたい8時、11時、14時、17時、20時か21時くらいを目安に、5回に分けて摂ります。そのうち、8時の朝食と20、21時の夕食は家で作って食べますから、それ以外の11時、14時、17時の3回分のお弁当を作ります。3つにしたり、1食は外食にしてお弁当を2つにしたりは日によります。

外食でもいいのですが、どうしても炭水化物が多くなってしまうので注意が必要です。コンビニ食も同じ。そのため、ボディビルダーの多くはお弁当を作って持参します。

お弁当

ボディビルダーは高カロリー、高脂肪のものは基本的に避けますが、外食で栄養素をコントロールするのは難しいので、お弁当を作る人が多くいます。

●8時：朝食

決まった時間に食事を摂るようにしています。そのほうが身体のリズムも整いますし、調子も良くなります。

ご飯も一膳は食べません。100g程度です。メインは鶏・豚・牛肉とご飯、野菜（ブロッコリー、インゲン、プチトマト、アスパラ、いも、ニンジンなど）と卵。魚のときは赤身が基本ですが、白身も好きですから私は食べています。

魚やお肉は、焼くだけのことが多いです。味付けを変えるときもありますが、時間がなければいつも同じです。

ドレッシングも使わず、塩こしょうが基本ですね。あとはレモンをかける程度です。油はもちろん控えめ。でも良質な**オイル**※は必要ですから、そういうときはオリーブオイルやえごま油を使います。

ボディビルダーの料理の基本は、焼く、ゆでる、蒸すの3つです。

●9時：仕事開始

私の職業はフィットネストレーナーですから、皆さんの肉体をシェイプアップするお手伝いをさせていただいています。仕事をする上でのモットーは、いつでも見本となれる身体で指導することです。

オイル
脂質の代表的なものですね。油をたっぷり使ったものは避けますが、良質の油はお腹の持ちも良いですし、身体を作るのに必要な栄養素ですから、結構オリーブオイルなどのヘルシーなものを使って料理します。

●11時：2回目の食事

11時前後、仕事の合間に少し時間を作って2回目の食事を摂ります。5回に分けていますから、量は多くありません。とにかくエネルギー源を切らさないようにします。

●14時：3回目の食事

2回目と同じように、仕事の合間に3回目の食事を摂ります。できれば決まった時間に食事をしたいのですが、仕事の関係上そうもいかない場合もあります。あまりストイックに考えすぎず、だいたいこの時間くらい、という感じで食事を摂るようにしています。

●17時：4回目の食事

4回目の食事です。食事の合間、仕事の合間を使って自分の**トレーニング**※を行うこともあります。まとまって2〜3時間続けることもありますし、30分トレーニングをして仕事、また30分トレーニングをして仕事、という場合もあります。ボディビルダー全員が言うことは『時間がないは、言い訳』です。

ステーキを食べる時もあります。

トレーニング

ボディビルダーにとっての呼吸のようなものです。なくてはならないもの。なくては生きていけないもの。それがトレーニングです。

●18時：トレーニング

トレーニングの時間は、部位を分けてだいたい2時間くらい、週5のペースで行っています。４回目の食事の前後にトレーニングをすることが多いです。そして、トレーニング後にはプロテインも摂ります。

●21時：帰宅&5回目の食事

1日の仕事とトレーニングが終われば、ようやく帰宅です。くたくたです！でも、最後の食事を摂らないと筋肉が成長してくれません。筋肉をはぐくみ、また次の日も気持ち良く、元気にトレーニングするために、しっかりと食べています。

●22時：自由時間

最後のご飯のあとは、待ちに待った**リラックスタイム**※です。お風呂に入ったり、自分の好きなことをしたりして過ごします。リラックスタイムといっても、今日のトレーニングはどうだったかとか、次はこうしてみようとか、トレーニング内容を考えることもありますね。

リラックスタイム

1日の終わりにリラックスできる時間を作ることは、ストレスフルな日常において、次のトレーニングに向けたモチベーションアップには必要不可欠です。

●24時：就寝

すべてが終われば、お休みタイム。筋肉を休める就寝も大切な時間です。あとは、肌ケアですね。化粧水に保湿、様々なケアをしますよ。肌も当然、ボディビルの審査対象になりますから。

また、寝不足にならないようには注意しています。肌も荒れますし、トレーニングの質も低下してしまいます。**睡眠**※時間は、私は平均して6時間程度です。本当は8時間取れたらベストだと思っています。ホルモンバランスを考えると22時には就寝するほうがいいのですが、社会人はなかなか難しいですよね。でも、できるだけ早く寝る努力は惜しまないようにしています。とにかく運動、睡眠のバランスが大切です。

いかがでしたでしょうか？　いろいろやることが多いと思われたかもしれませんが、食事の数が多いのとトレーニングの時間が毎日あるくらいです。限られた時間のなかで、どう進めていくかは自分次第なのだと思います。

食事もトレーニングも同じですが、個人がそれぞれ自分に合う方法や回数などを経験を積んで作り上げていくものだと思うので、正解はないと思います。ここに書かせていただいたのは、あくまでも一例です。

睡眠

筋肉を作る、身体を作るためには睡眠はとても大切です。早めに床につき、成長ホルモンがたくさん分泌される時間帯に寝ておくことが、良質な筋肉を作ることにつながります。

大森恵美子の１日スケジュール例

トレーニング
週５のペースでしっかり筋肉を育てます。

睡眠
良質な筋肉をつくるとても大切な時間です。

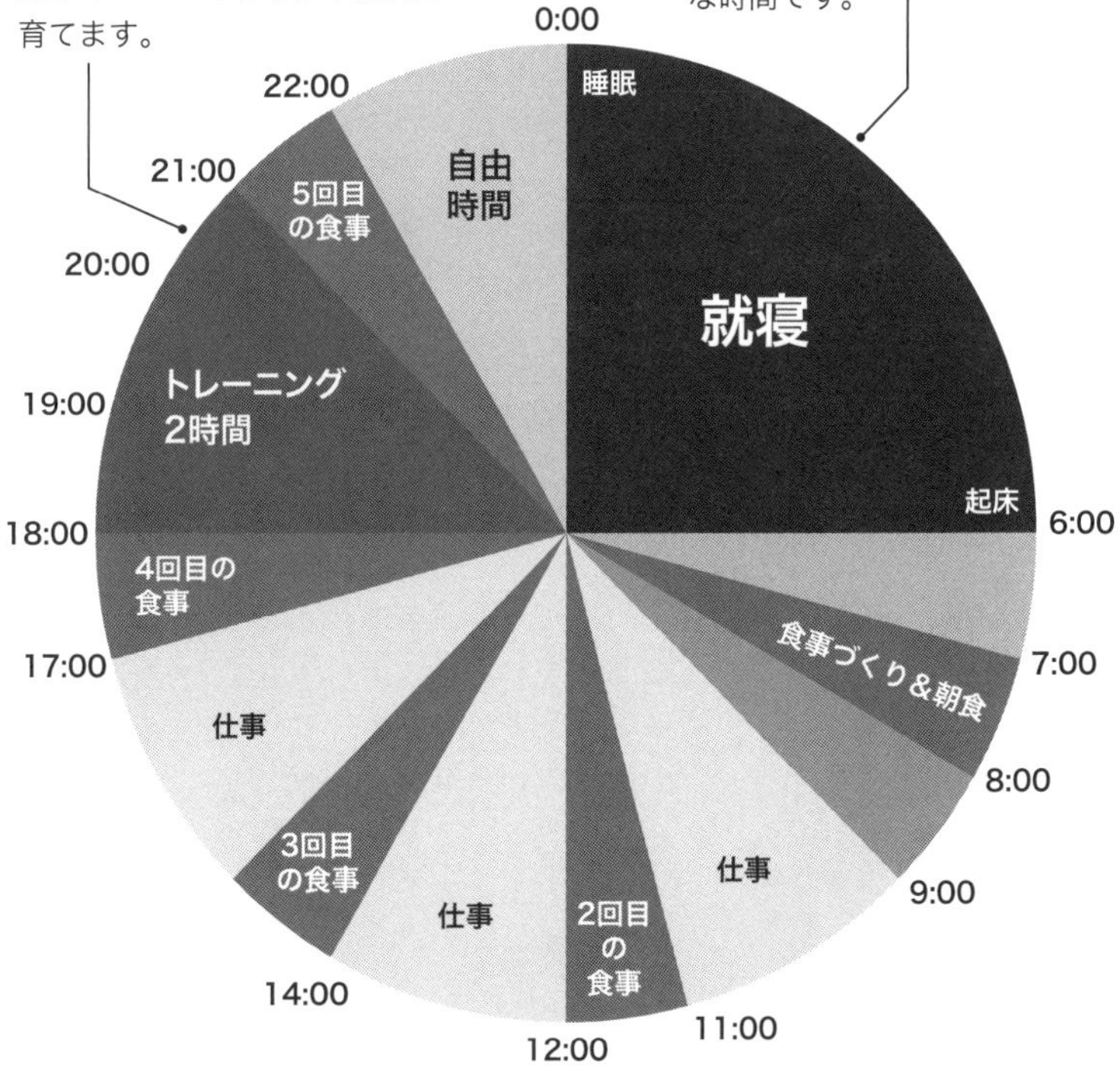

食事
タイミングは、その日のスケジュールによって、あまりストイックに考え過ぎずに「だいたいこの時間」という感じで摂っています。

13

一流選手のトレーニングとは？

部位別※に鍛えることで効率が良くなる

ボディビルダーが行っているトレーニングに、特別なことはあまりありません。ジムにあるマシーンを使いますし、フリーウエイトもやりますが、大まかなところはさほど一般の方々と変わりません。

　ではボディビルダーのトレーニングは何が違うのでしょうか。それは、頻度・強度・時間で、ほぼ毎日トレーニングを行います。ただ、1日で全身ということではなく、基本的に腕、胴体、脚の3つ、もしくは腕、身体（前と後ろ）、脚の4つに分けて鍛えていきます。ここでは、3つに分けたトレーニング分割法の一例を紹介してみましょう。

　月曜日は腕を鍛えます。アームカールやコンセントレーションカール、トライセプスキックバック、フレンチプレス、リストカールが主なトレーニングで

部位別

大まかには腕、胸、背中、お腹、お尻、脚ですが、それぞれの部位がさらに細かく分かれます。たとえば腕なら、上腕、前腕、さらに腕の表裏、肩の三角筋も3方向についています。ひとつの部位が、さらに細かく分かれていくので、ボディビルダーのトレーニング種目はとても多くなります。

すね。サイドレイズやショルダープレスで肩を鍛えるのも忘れずに。それにプッシュアップ系のトレーニングを入れるのも良いですね。

火曜日は胴部です。結構メニューが多くありますよ。主なもので言えば、ベンチプレスやローイング、デッドリフトですね。アブドミナルでの腹筋や**チンニング**※も大切です。これらはマシンやフリーウエイトですが、そこにサイドレイズやラットプルダウンも入れておきましょう。

水曜日は脚です。当然スクワットは行うとして、レッグプレス、レッグカールやレッグエクステンション、カーフレイズ、ランジ、サイドランジなどで脚全体を鍛えておきましょう。

一巡したらまた木曜日に腕、金曜日に身体、土曜日が脚。日曜日はオフという流れになります。

なぜ曜日でトレーニングの部位を分けるかというと、超回復という筋肉の成長に欠かせないサイクルがあるからです。筋肉のために必要なインターバルです。

筋肉はトレーニングによって破壊されます。それを修復するのに、だいたい48時間かかります。そして、修復された筋肉は、破壊する前よりも太く、大きくなっているのです。それが超回復です。

チンニング
いわゆる懸垂です。懸垂にもいろいろなやり方があって、その方法次第で鍛えられる部位も変わります。自重負荷のトレーニングの中で、最も負荷の高いトレーニングですね。

つまり、月曜日に鍛えた腕の筋肉の破壊、修復、成長が終わるのが木曜日なのです。修復が終わったら、また破壊を行う。そしてまた修復させて太く、大きくしていく。その繰り返しが筋力トレーニングの基本です。

私は脚、背、胸、二頭筋、肩 ＋三頭筋の5分割でトレーニングしていきます。トレーニングメニューはその時の筋肉のコンディションによって変えていきます。

ただし、守るのは先ほど説明した、超回復のサイクルです。毎日同じ部位を鍛え続けては、**超回復のサイクル**※が追いつかず、単に筋肉を破壊し続けているだけになってしまいます。

もちろん、筋肉が破壊し尽くされる手前の軽い負荷であれば、毎日行ってもいいかもしれません。でも、ボディビルダーたちのトレーニングは、ひとつ一つの部位を徹底的に追い込みます。たとえばアームカールだったら、もう腕が曲がらなくなるくらいまで繰り返します。ですから、一度鍛えた部位は必ず少なくても2日空けてトレーニングを行うのです。なので、部位を曜日に分けてトレーニングすることは、効率良く筋肉を鍛えるのに最適です。選手は、やみくもに鍛えているのではなく、様々なところに気を配りながら筋肉を育てています。

超回復のサイクル
これを守らないと、単に筋破壊を繰り返すだけなので、トレーニングの意味を成しません。休むことも、トレーニングなんです。

もしよかったら、皆さんもぜひボディビルダーのトレーニング方法を取り入れてみてください。きっと効率良く身体を**シェイプアップ**※できますよ。

女性の方も、大丈夫です。そう簡単にマッチョにはなりません。筋トレをすればマッチョになる、というイメージがあるかもしれませんが、そんな簡単にマッチョになられたら、ボディビルダーとしては立つ瀬がありません。

しっかりとしたトレーニングの知識を持って、定期的に身体を鍛えればスマートな肉体を作り上げることができます。世の中の多くの女性が求める肉体に近いのは、フィットネスビキニや、ミス21健康美あたりですね。ぜひ一度観戦に行ってみてください。このカテゴリーに出場する選手たちの目的は、肉体を筋骨隆々、むきむきにすることではありません。ほどよい脂肪がないと、女性らしい丸みを帯びた身体にはなりませんから。

ですから、トレーニングというのは女性らしい、美しいボディを手に入れるにもとても役立つんですよ。

どうですか、ちょっとボディビルの世界に興味がわいてきませんか？　そうなったら、もう皆さんはボディビルの面白さにはまり始めていますよ！

シェイプアップ
筋トレは、シェイプアップに非常に役立ちます。そんな簡単に筋肉は太くなりませんし、筋トレをすれば脂肪も燃焼しやすくなります。

最高の肉体を作るボディビル食とは？

高タンパク低カロリーが基本

ボディビルダーの1日でも少し紹介しましたが、ボディビルダーの特徴でもあるのが**高タンパク低カロリー**[※]が主体の食事です。ボディビルダーはトレーニングはもちろんですが、食事制限、管理も徹底しています。身体を作るのは、食事です。どれだけ筋力トレーニングをしても、食事が管理できていなかったら身になりません。毎日きっちりトレーニングをしたとしても、揚げ物ばかり食べていたら、身体が絞れるわけもありませんよね。筋肉に良い栄養素を知り、それを効率良く摂取すること。それが筋肉を育てていく大切な食事なのです。

食事は楽しい時間ですが、やもするとそれが作業になってしまう場合もあります。筋肉を作るためには、先に述べたとおり高タンパク低カロリーが基本です。揚げ物はほとんど摂りませんし、炭水化物は制限します。からあげ、コロッ

高タンパク低カロリー

タンパク質が多く、カロリーが低い食材の代表例は、ささみですね。マトンや赤身のお肉、ヨーグルトやチーズも良い食材です。お魚は光り物でも鯖やさんまは脂が多く高カロリーですが、良質な油なので適度に摂ることが多いですね。

ケ、とんかつはもってのほか、炭水化物を減らすためにはラーメンやチャーハン、パスタ、うどんなども調整時にはNG。ですから、美味しい食事を楽しむ、という行為がままなりません。

食材は皆さんもご存じのとおり、高タンパク低カロリーの代表的な鶏の胸肉（皮は取ります）やささみ、大豆（納豆や豆腐とかですね）、卵、野菜が中心です。鶏肉以外のお肉やお魚を食べることもあります。ただ、お肉の場合は赤身を選びます。牛ならヒレ、肩やももあたりも低脂肪高タンパクの部位です。魚もマグロが中心になりますね。魚はオメガ脂肪酸を摂取するのに役立つので、光り物を定期的に食べる選手も多くいます。

調理法は、焼く、ゆでる、蒸すの3つです。焼くときも油やバターなんかは使いませんし、蒸す、ゆでるは脂肪分を落とすのに最適です。それに、野菜も生ばかりだと飽きますし、お弁当には向きません。なので、お弁当に野菜を入れるときは焼くか蒸すか、ゆでるのが美味しいですね。

この3つの調理法に加え、淡泊な食材しか使っていなくても、工夫次第で結構いろいろ作れるのです。美味しい高タンパク低カロリーは、ボディビルダーにとっては最高のごちそうです！　そんなメニューを追究するのも楽しいですよ。何でも追究しがちなボディビルダーにとっては、料理もその対象になることがあるかもしれませんね。

大切なのは、お腹を空かせないことです。お相撲さんは、体重を増やすために1日2食で量をいっぱい食べます。ボディビルダーは逆で、1日の食事量を細かく分けて、少しずつカロリーを摂取していくのです。

それと、水はボディビルダーにとって重要です。1回のトレーニングで1〜2ℓ飲むこともあります。1日に4〜5ℓ飲むこともあるくらいです。水分は筋肉に張りを与えてくれますし、栄養素を身体中に行き渡らせてくれる血液にも、水分が必要不可欠です。

ボディビルダーの肉体を作り上げているのは、何もトレーニングだけではなく、高タンパク低カロリー、低脂肪の食事に加え、筋肉に張りを与える水分、適度な炭水化物なのです。

それから、ボディビルダーは大会前に身体を絞ってキレを出していきます。体重別の大会もありますから、それに向けて減量します。

減量もただ体重を減らせばいいというわけではありません。食べない減量は、脂肪だけでなく筋肉も落としてしまいますから、キレが出るどころか、長い時間かけて作り上げてきた身体が台無しになってしまいます。筋肉量を維持しながら、いかに体脂肪を落とすか。これがボディビルの減量のキモです。

ボディビルダーを作る食材

オメガ脂肪酸の摂取に役立つ魚介類

ささみや赤身は高タンパク低カロリー食材の定番

植物性タンパク質もバランスよく摂取

炭水化物やスイーツは摂取制限が必須！

筋肉を発掘する上級者たち

鍛え方はひとつじゃない！

ボディビルは、ひとえに人の探求心によって発展してきていると言っても過言ではありません。はじめはただ大まかに筋肉を鍛えるだけだったのが、鍛え方を細かくしてみたり、そのための栄養素を考えてみたり、超回復のサイクルを作り出したり。鍛えるということの裏側に、科学が潜んでいるのです。

そして、筋肉の**鍛え方も人それぞれ**※です。たとえば、ゴルフのスイングひとつ取ってみても、憧れの選手の真似をしたって同じようにはできませんよね。筋力はもちろん、身体の柔軟性や特徴もその選手と自分は全く異なることもありますから。

それはボディビルダーも同じです。誰かと同じようなトレーニングをしたとしても、同じように筋力がつくとは限りません。もちろん、最初は周りの人の

鍛え方も人それぞれ
筋肉がつきやすい人、つきにくい人によって、トレーニングは異なりますし、また部位によってもつきにくい、つきやすいがあります。それを考えれば、トレーニングの方法はまさに十人十色ですね。

トレーニングを参考にするのは良いことですが、全く同じでは意味がありません。自分の肉体と会話をして、自分の筋肉はどうしたらつきやすいのか、大きくなりやすいのか、どんな食事をすれば身体を美しく作ることができるのかを探求していく。つまり、自分をもっと知ることが大切なのです。自分を常に探求する、探求者であれ。それがボディビルダーの本質なのかもしれません。

ボディビル競技が誕生したのは、19世紀末です。そ

こから、トレーニングの方法はもちろんですが、新しい器具もたくさん開発されていきました。ですが、**ツール**※が新しくなったとしても、筋を伸ばして収縮させることで肉体を鍛えるという原理原則は、昔から何も変わっていません。

何が進化していったのかというと、筋に対するアプローチの方法です。たとえば、大胸筋は肋骨から斜め上、横、斜め下と3方向に向かって伸びています。ベンチプレスをしていると、基本的には横向きについている大胸筋が鍛え

ツール

マシンなどのトレーニング器具のこと。原始的なトレーニングをすることもありますが、マシンはピンポイントで鍛えたい部位、鍛えたい方向に身体を動かせるので、細かく鍛えたいボディビルダーにはなくてはならないツールです。

られます。でもそれだけでは、大胸筋の筋が表れません。なので、斜め上、斜め下に向かって伸びている筋も鍛える必要が出てきます。そのためには腕の角度を変えたり、動かし方を変えたりします。つまり、大胸筋ひとつ取っても3パターンのトレーニング方法が必要なので、大胸筋だけで30分かかる、というのも嘘ではないことが分かっていただけると思います。

全身をまんべんなく、いろんな方向からいろんな刺激を与えて鍛えていく。そうすることで、大きくするところは大きく、絞るところは絞り、**筋線維**※ひとつ一つを目で見て分かるくらいの存在にしていくことができる。コツコツとまさに彫刻のような美しい肉体美を作り上げているのです。

自分を知り、自分に合ったトレーニング方法を見つけていくと、自分で大きくしやすい部位、同時に大きくなりにくい部位を知ることができるでしょう。

そういう筋肉をトレーニングによって発掘していくのも、ボディビルの楽しみのひとつです。どう鍛えれば、自分の筋肉をバランスよく作り上げて個性を出せるのか。それを追求していくのは、楽しいものです。

筋線維

身体を動かす骨格筋を構成する細胞単位を指します。これを1本1本意識するのは無理ですが、トレーニングによって太くしていき、減量でカットを出していくと、筋線維の細かいスジが出ます。これがまた格好良いんです。

肉体は最高のオシャレ

飾りのない素の自分を美しく見せるのが筋肉

　私は、最初に『鍛え上げられた肉体はどんな宝石よりも美しい』とお伝えしました。それと同時に思うのは、『肉体は最高のオシャレ』だということです。ボディビルという競技はもちろん、筋肉を鍛えるということは、もう、このひと言に尽きるのではないでしょうか。

　ボディビルは、何かを身にまとって評価される競技ではありません。着飾ることが悪い、というわけではありませんが、身体の上に何かを羽織ると、自分の**弱い部分**※を隠したりごまかしたりすることができてしまいます。

　ですが、ボディビルは肉体のみで、その美しさを作り出し、評価されます。その瞬間、本当に素の自分というか、ありのままの自分がすべてさらけ出されてしまう。そこに言葉は必要ありません。その人が積み重ねてきた努力量が、

弱い部分
痛みや病気に弱い、という意味ではなく、自分のトレーニング不足だったり、つきにくい部位の筋肉のことです。

肉体というものになって表れるわけです。

　トレーニングや食事の全てにおいて、やるべきことがしっかりできていなければ、グチも増えるし、身体にその結果が表れます。

　身体だけではありません。ステージング、ポージングにも同じことが言えます。前にもお話ししましたが、自信のなさはポージングに表れます。これらはステージングを見ると分かったりしますし、何かぎこちないな、と感じたりするでしょう。人間の根本的なものというか、何も遮るもの、**着飾る**※ものがないからこそ、そういった内面も表に表れます。

　それこそが、ボディビルという競

着飾る
ウェア以外、何もまとわないボディビルダーは、着飾ることをしません。しいて言えば、美しい肉体を着飾っていると言っていいと思います。

技の魅力なのではないでしょうか。

ボディビル競技を行うことによって、自分に対して素直になります。自分のどこが強みで、どこが弱いのか。自分と向き合い、それに対応していく。そうしなければ、肉体は応えてくれませんから。

人間は、誰でも弱さと向き合うのは嫌いです。目を背けたくなります。それでも、自分の弱点はどこなのかを真剣に考え、向き合うことで究極の美を作り出していく。

それは、時に自分の弱い筋肉であったり、時に内面、精神面であったりします。トレーニングから逃げたくなったり、食べたいものを辛抱できなかったりしたとき、逃げてしまうか、それとも自分が追い求める理想のために踏ん張るのか。踏ん張った先には新しい世界が広がっていて、さらにボディビルが楽しくなった。だから進んでいっても、また壁にぶち当たる……と、その連続です。

でも、そうやって**試行錯誤**※しながら、何が自分の身体のために良いのかを考え、己と向き合う時間が長ければ長いほど、美しい肉体を作り出せるのです。

それと、忘れてはいけないのが、肌ケアです。どれだけ美しい彫刻も、きちんと手入れされてこその美しさです。いくら肉体が素晴らしくても、表面の肌がカサカサだったり、ボロボロだったりしたら、もう美しいと思うことができ

試行錯誤

ボディビルダーは試行錯誤の連続です。こうすればどうなるか、どうすれば理想の身体に近づけるのか。自分の身体を使って実験を繰り返す毎日を送っています。

ませんよね。

ですから、肌ケアは筋肉や食のケアと並んでボディビルダーにとって欠かせない日課のひとつです。ボディビルダーの1日でも少し紹介しましたが、特にお風呂上がりには化粧水から乳液、クリームなんかもフルに活用しています。アロマを使う選手もいますよ。

当然、男子選手も肌ケアは欠かせません。起床直後と就寝前にはしっかり保湿をしたり、お風呂上がりにはボディーローションでケアをしたり。乙女か、と突っ込みを入れたくなるくらい、お手入れにかなり詳しい選手も多くいます。

それに、ボディビルダーの多くは

タンニング（日焼け）をします。タンニングは、肌には大敵ですよね。シミやシワができやすくなってしまいます。ですから、タンニング直後にはちゃんと化粧水で保湿します。このような、涙ぐましい努力があってこそ、あの美しさを保っているのです。

また、実はトレーニングをすると肌にも良い影響があります。肌を美しく保つ栄養素にタンパク質がありますから、良質なタンパク質を摂取するボディビルダーの肌は、とてもキレイなことが多いです。また、筋肉が超回復で修復されているときは、**新陳代謝**※が良くなるタイミングでもあります。それは肌にも同じことがいえます。身体の新陳代謝が良くなれば、肌の新陳代謝も良くなりますから、老廃物が排出されてキレイな状態が保たれるのです。

いろいろお話してきましたが、ボディビルという世界は、究極の美を追求する競技なのだと思っています。

ボディビルとは何か、ボディビルの魅力とは、というテーマでもお伝えしたように、美しいものは、裸なのです。男性も、女性も。性別は関係ありません。絵画も、彫刻も。だから、憧れる。

同性じゃなくて異性でも、異性じゃなくて同性でも。キレイなものはキレイですからね。キレイなものは、誰もが憧れます。だから、ボディビルダーの肉

新陳代謝

筋肉を修復するのも、新陳代謝のひとつです。これがうまく行われていれば、筋肉は太く、大きく、強くなっていきます。それを促進するためにも、睡眠は非常に大事なんですよ。

体は、誰もがああなりたいと思える美しさ、輝きを放っているのだと思います。

そして、ボディビルダーは何も道具を使うことなく、原始の時代から普遍とされていた**美の原形**※ともいえるものを体現できる人たちなのです。

美の原形
人が美しいという言葉を作ったのは、いったいいつなのでしょうか。そして、肉体が美しいと感じ始めたのはいつなのでしょうか。この概念がなければ、ボディビルは成り立ちませんでした。

おわりに

ボディビル観戦、を楽しんでいただけましたでしょうか？　はじめての人には少々ハードルの高い世界だったかもしれません。ですが、勇気を出して一歩踏み出されたとき、新しい世界が広がったのではないでしょうか。

私は〝ボーダーレスファイター大森〟と呼ばれていました。カテゴリーをまたいで大会に出場していたからです。でも、その呼称には〝筋肉はボーダーレス〟ということを証明するという使命もあったのではないかと思っています。筋肉には境界線はありません。筋肉を鍛えることに、性別も年齢も、国籍も関係ありませんから。それぞれが神様から与えられた身体を磨き上げ、最高の状態に仕上げる。そこには差別もありません。そんな素晴らしい世界なのです。

ボディビルに関わってきて感じるのは、自分と向き合える時間があるということです。それは、素晴らしいことです。筋肉だけではなく、自分が本当に望んでいるもの、求めているもの、やってみたいこと、反対の嫌なこと、やりたくないこと。そういうものと相対するのは善く生きることにつながりますし、人間的に成長することができます。やはり、古代ギリシャが掲げていたように、肉体の美しさは精神の美しさ、精神の美しさは肉体の美しさを表現するのだと思います。

そして同じ志をもつ友ができたこと、支えてくださるたくさんの大切な方たちと巡り合えたことです。

この本を出すにあたり、様々なカテゴリーの選手のご協力がありました。写真提供をしてくださった山根さんやちびめがさんや大島聖子さん、大会運営関係の皆さんに、改めてお礼申し上げます。

大森 恵美子

大森 恵美子（おおもり・えみこ）

フィットネスインストラクター（ゴールドジム イースト東京他にて指導）・パーソナルトレーナー。

2012年ボディフィットネス大会（東京、関東ともに準優勝）・2013年東京クラス別ボディビル選手権46kg超級優勝など。

雑誌の特集でボディフィットネスという競技を知り、それをきっかけに2012年コンテストに参加する。幼い頃にクラシックバレエ、器械体操、新体操、ダンスなどを経験し、フリーポーズが好評。様々なカテゴリーに挑戦するファイター。

ボディビル大会 観戦ガイド

発行日　2020年8月1日　第1刷発行

著者　大森 恵美子

編集　株式会社ナイスク（http://naisg.com）
松尾里央、岸正章、大島伸子、田坂友暁
企画・編集　中村孝司（スモールライト）
デザイン　沖増岳二
写真　山根幸弘
取材協力　上野俊彦（日本ボディビル・フィットネス連盟）

発行者　中村孝司
発行所　スモール出版

〒164-0003　東京都中野区東中野3-14-1 グリーンビル4階
株式会社スモールライト
TEL 03-5338-2360 / FAX 03-5338-2361
E-mail books@small-light.com
URL http://www.small-light.com/books/
振 替 00120-3-392156

印刷・製本　中央精版印刷株式会社

ISBN978-4-905158-78-3